プリント形式のリアル過去問で本番の臨場感！

宮崎県

# 宮崎第一高等学校
## 文理科

2025年春受験用

# 解答集

本書は，実物をなるべくそのままに，プリント形式で年度ごとに収録しています。
問題用紙を教科別に分けて使うことができるので，本番さながらの演習ができます。

## ■ 収録内容

・解答集(この冊子です)

書籍ＩＤ番号，この問題集の使い方，最新年度実物データ，リアル過去問の活用，
解答例と解説，ご使用にあたってのお願い・ご注意，お問い合わせ

・2024(令和６)年度 ～ 2022(令和４)年度　学力検査問題

JN132494

**資料の非掲載につきまして**

著作権上の都合により，本書に収録している過去入試問題の資料の一部を掲載しておりません。ご不便をおかけし，誠に申し訳ございません。

| ○は収録あり　年度 | '24 | '23 | '22 | | |
|---|---|---|---|---|---|
| ■ 問題(文理科) | ○ | ○ | ○ | | |
| ■ 解答用紙 | ○ | ○ | ○ | | |
| ■ 配点 | | | | | |
| | | | | | |

解答はありますが
解説はありません

◎普通科･国際マルチメディア科･電気科は別冊で販売中
注)問題文等非掲載:2022年度社会の2

教英出版

## ■　書籍ＩＤ番号

入試に役立つダウンロード付録や学校情報などを随時更新して掲載しています。
教英出版ウェブサイトの「ご購入者様のページ」画面で，書籍ＩＤ番号を入力してご利用ください。

書籍ＩＤ番号　105345

（有効期限：2025年9月30日まで）

**【入試に役立つダウンロード付録】**
「ラストチェックテスト（標準／ハイレベル）」
「高校合格への道」

## ■　この問題集の使い方

年度ごとにプリント形式で収録しています。針を外して教科ごとに分けて使用します。①片側，②中央のどちらかでとじてありますので，下図を参考に，問題用紙と解答用紙に分けて準備をしましょう（解答用紙がない場合もあります）。

針を外すときは，けがをしないように十分注意してください。また，針を外すと紛失しやすくなりますので気をつけましょう。

① 片側でとじてあるもの

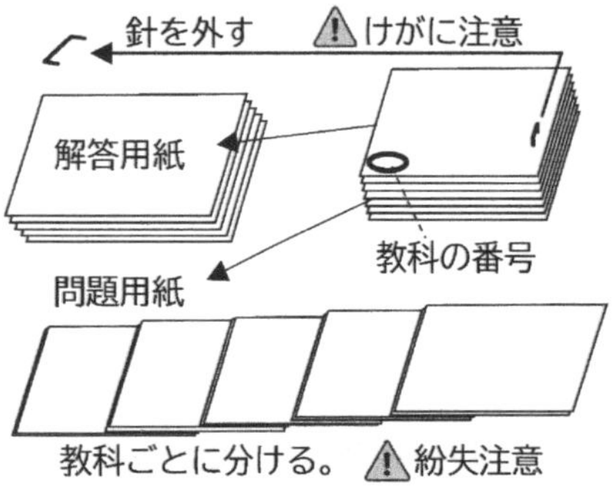


② 中央でとじてあるもの

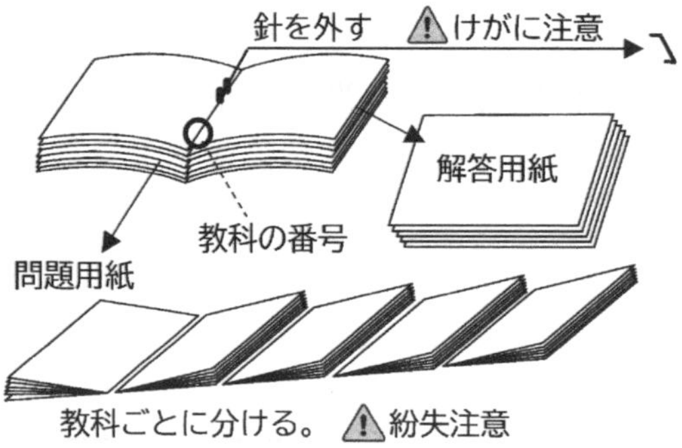


※教科数が上図と異なる場合があります。
解答用紙がない場合や，問題と一体になっている場合があります。
教科の番号は，教科ごとに分けるときの参考にしてください。

## ■　最新年度 実物データ

実物をなるべくそのままに編集していますが，収録の都合上，実際の試験問題とは異なる場合があります。実物のサイズ，様式は右表で確認してください。

| | |
|---|---|
| 問題用紙 | Ａ４冊子（二つ折り） |
| 解答用紙 | Ａ３片面プリント |

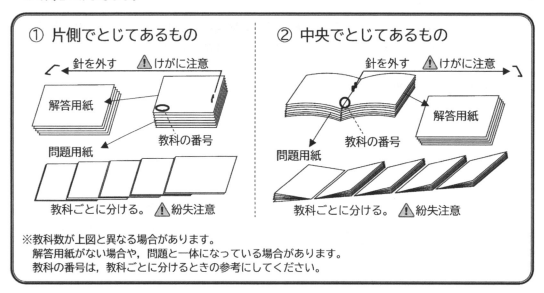

# リアル過去問の活用

～リアル過去問なら入試本番で力を発揮することができる～

## 本番を体験しよう！

問題用紙の形式（縦向き / 横向き），問題の配置や余白など，実物に近い紙面構成なので本番の臨場感が味わえます。まずはパラパラとめくって眺めてみてください。「これが志望校の入試問題なんだ！」と思えば入試に向けて気持ちが高まることでしょう。

## 入試を知ろう！

同じ教科の過去数年分の問題紙面を並べて，見比べてみましょう。

**①　問題の量**

毎年同じ大問数か，年によって違うのか，また全体の問題量はどのくらいか知っておきましょう。どのくらいのスピードで解けば時間内に終わるのか，大問ひとつにかけられる時間を計算してみましょう。

**②　出題分野**

よく出題されている分野とそうでない分野を見つけましょう。同じような問題が過去にも出題されていることに気がつくはずです。

**③　出題順序**

得意な分野が毎年同じ大問番号で出題されていると分かれば，本番で取りこぼさないように先回りして解答することができるでしょう。

**④　解答方法**

記述式か選択式か（マークシートか），見ておきましょう。記述式なら，単位まで書く必要があるかどうか，文字数はどのくらいかなど，細かいところまでチェックしておきましょう。計算過程を書く必要があるかどうかも重要です。

**⑤　問題の難易度**

必ず正解したい基本問題，条件や指示の読み間違いといったケアレスミスに気をつけたい問題，後回しにしたほうがいい問題などをチェックしておきましょう。

## 問題を解こう！

志望校の入試傾向をつかんだら，問題を何度も解いていきましょう。ほかにも問題文の独特な言いまわしや，その学校独自の答え方を発見できることもあるでしょう。オリンピックや環境問題など，話題になった出来事を毎年出題する学校だと分かれば，日頃のニュースの見かたも変わってきます。

こうして志望校の入試傾向を知り対策を立てることこそが，過去問を解く最大の理由なのです。

## 実力を知ろう！

過去問を解くにあたって，得点はそれほど重要ではありません。大切なのは，志望校の過去問演習を通して，苦手な教科，苦手な分野を知ることです。苦手な教科，分野が分かったら，教科書や参考書に戻って重点的に学習する時間をつくりましょう。今の自分の実力を知れば，入試本番までの勉強の道すじが見えてきます。

## 試験に慣れよう！

入試では時間配分も重要です。本番で時間が足りなくなってあわてないように，リアル過去問で実戦演習をして，時間配分や出題パターンに慣れておきましょう。教科ごとに気持ちを切り替える練習もしておきましょう。

## 心を整えよう！

入試は誰でも緊張するものです。入試前日になったら，演習をやり尽くしたリアル過去問の表紙を眺めてみましょう。問題の内容を見る必要はもうありません。どんな形式だったかな？受験番号や氏名はどこに書くのかな？…ほんの少し見ておくだけでも，志望校の入試に向けて心の準備が整うことでしょう。

そして入試本番では，見慣れた問題紙面が緊張した心を落ち着かせてくれるはずです。

※まれに入試形式を変更する学校もありますが，条件はほかの受験生も同じです。心を整えてあせらずに問題に取りかかりましょう。

# 宮崎第一高等学校【文理科】

## 《国　語》

一　問一．㋐隙間　㋑端末　㋒哲学　㋓頻繁　㋔へだ　問二．ⓐウ　ⓑイ　問三．Ａ．ウ　Ｂ．オ　Ｃ．イ　Ｄ．ア　問四．おたがい「友だちである」という感覚を更新し続ける　問五．ア　問六．情報通信ツールが普及する過程で、人間関係における曖昧さは除去され、人びとのつながりへの不安が解消されていったということ。　問七．ウ　問八．エ

二　問一．㋐勧　㋑し　㋒は　㋓闇　㋔遭遇　問二．ⓐエ　ⓑイ　問三．新しい着物で準備を整え、絶対に螢を見ようと期待が高まっている。　問四．螢を見られるかどうかで自分と息子のこれからの身の振り方が決まると思うと、緊張感が増したから。　問五．ア，オ

三　問一．ⓐおわします　ⓑそうぞく　問二．①イ　④ウ　問三．⑴エ　⑵まことの仏の、世の末に出で給ふべきにあらず。　問四．柿の木の上に現れた仏は本物でなかった。

## 《社　会》

1　⑴③　⑵ア．エクアドル／⑤　イ．ナイジェリア／①　ウ．トルコ／②　エ．マレーシア／③　オ．ニュージーランド／④　⑶⑥　⑷１月25日午前11時　⑸設問①…⑥　設問②…④　設問③…⑦　設問④…②

2　⑴ア．酪農　イ．促成　ウ．抑制　エ．加工　⑵設問①…扇状地　設問②…果樹園　設問③…1250　⑶③　⑷④

3　⑴守護　⑵井原西鶴　⑶皇帝　⑷内閣　⑸白村江の戦い　⑹兵農分離　⑺後醍醐天皇の政治は世の中に混乱をもたらしている。　⑻天皇が幼少(または女性)の時，代わって政治をとりしきっていく役割。　⑼刑罰についてのきまり。　⑽C→E→I→H→A→G→F→B→D

4　⑴①　⑵樋口一葉　⑶岩倉具視　⑷③　⑸③　⑹中江兆民　⑺紫式部　⑻「解体新書」は当時ヨーロッパで行われていた解剖をふまえた医学書だったから。　⑼国際連盟　⑽④

5　⑴ⓑ　⑵ア　⑶(Ⅰ)$\frac{1}{50}$　(Ⅱ)首長　(Ⅲ)選挙管理委員会　⑷行政サービスの利便性が向上する。／規模が大きくなることで観光ＰＲがしやすくなる。／自治体の経費削減につながる。／地域への補助金額が増えることもある。／大規模な公共事業等が実現しやすくなる。などから１つ　⑸ウ　⑹普通教育を受けさせる義務／勤労の義務／納税の義務　⑺エ　⑻これからの組織づくりにおいては，ダイバーシティだけでなく，インクルージョンの概念を取り入れることが重要になる。　⑼ウ　⑽エ

## 《数　学》

1　⑴$\frac{1}{3}$　⑵$20\sqrt{5}$　⑶$-2x$　⑷$3(x+3y)(x-3y)$　⑸$x=\frac{9\pm\sqrt{21}}{6}$

2　⑴①70，80　②0.16　⑵2　⑶$\frac{5}{18}$　⑷3200

3　⑴$y=x+4$　⑵(4，8)　⑶12　⑷(2，2)

4　①6　②3　③24　④12　⑤18　⑥9　⑦48

5　⑴$\frac{\sqrt{2}}{3}$　⑵1：3　⑶2　⑷$\frac{\sqrt{2}}{12}$　⑸$\frac{\sqrt{6}}{72}$

## 《理　科》

1 ⑴ａ．被子　ｂ．双　ｃ．離　ｄ．減数分裂　ｅ．９　ｆ．18　ｇ．ＡＡ　ｈ．Ａａ　ｉ．Ａａ　ｊ．ＡＡ　ｋ．２　⑵(ⅰ)３：２：３　(ⅱ)５：３　⑶自家受粉を行わないようにするため

2 Ⅰ．⑴二次　⑵発熱　⑶蒸留〔別解〕分留　⑷４　⑸$Mg \rightarrow Mg^{2+} + 2e^-$　Ⅱ．⑴あ．電離　い．$H^+$　う．$OH^-$　え．$H_2O$　お．小さ　か．大き　⑵水溶液Ａ…水酸化バリウム水溶液　水溶液Ｂ…硫酸　水溶液Ｃ…水酸化ナトリウム水溶液　⑶赤→無　⑷10　⑸(ｃ)　⑹水溶液Ａ

3 Ⅰ．⑴0.6　⑵0.06　⑶①６　②４　③４　⑷①３　②3.4　Ⅱ．⑴３　⑵Ｓ　⑶５　⑷２：１　⑸１：２

4 ⑴天気…イ　天気記号…⦶　⑵図…１　ａ．石基　ｂ．斑晶　⑶ウ　⑷岩石…Ｂ　岩石名…安山岩　⑸500

## 《英　語》

1 ⑴④　⑵②　⑶③　⑷③　⑸③　⑹②　⑺②　⑻①　⑼②　⑽②　⑾④　⑿④　⒀①　⒁①　⒂③

2 ⑴ウ　⑵ア　⑶ウ　⑷エ　⑸ア

3 ⑴hospital　⑵November　⑶musicians　⑷Olympic　⑸scientists　⑹shopping　⑺Tuesday　⑻forty　⑼plane〔別解〕airplane　⑽brought

4 ⑴①ウ　②オ　③イ　④キ　⑵イ→ウ→ア

5 ⑴ウ　⑵ウ→ア→エ→イ　⑶１．ウ　２．エ　３．ア　⑷１．He decided to practice singing together with his classmates.　２．Because they were really enjoying singing.

6 ⑴These days, we have to use English.　⑵I cried a lot when I was a small kid.　⑶I don't know some words in the book.

# 宮崎第一高等学校【文理科】

## 《国　語》

一　問一．㋐廃棄　㋑面倒　㋒ちょうばつ　㋓選択　㋔過剰　問二．ⓐア　ⓑウ　問三．Ａ．ウ　Ｂ．オ　Ｃ．イ　Ｄ．ア　問四．ⅰ．Ａ　ⅱ．Ａ　ⅲ．Ｂ　ⅳ．Ｂ　問五．ウ　問六．厳しい法規制を政府に求めること。／企業や生産者が環境破壊を行っていることを非難すること。　問七．社会的・政治的なアクションを起こすことは、この社会ではタブーであるという風潮。　問八．エ

二　問一．㋐震　㋑拭　㋒歓声　㋓うず　㋔見舞　問二．Ｘ．オ　Ｙ．イ　問三．①商工会館の中に入ることができたら、海が見える　②手術が失敗したら、アツシの目が見えなくなってしまう　問四．エ　問五．弟にもっときれいな景色をたくさん見せてやりたいと、手術の成功を強く願う気持ち。　問六．イ

三　問一．ⓐじょうず　ⓑふるい　問二．①ウ　②ア　問三．Ⓐア　Ⓑウ　Ⓒイ　Ⓓイ　問四．聞いているのが女房だけだと思うと、気後れすることなく吹くことができたから。　問五．どんな実力者であっても、緊張する場面では失敗するということ。　問六．イ，エ

## 《社　会》

1　(1)③　(2)ア．ドイツ／①　イ．アルゼンチン／⑤　ウ．南アフリカ共和国／②　エ．タイ／③　オ．フィリピン／④　(3)③　(4)②　(5)④

2　(1)ア．ミシシッピ　イ．ハリケーン　ウ．サンベルト　エ．ＮＡＦＴＡ　(2)④　(3)③　(4)②　(5)④

3　(1)Ⓐ発電所　Ⓑ警察署　Ⓒ博物館〔別解〕美術館　Ⓓ消防署　(2)①，③　(3)④

4　(1)リンカン　(2)②　(3)③　(4)①　(5)目的…自由な商工業の発展を図ること。　内容…商人を招き，座を廃止すること。　(6)壬申　(7)右図　(8)陸奥宗光　(9)米軍の飛行機がサイパン島を基地に，日本に来られるようになるから。　(10)Ｇ→Ｆ→Ｃ→Ｂ→Ｅ→Ａ→Ｈ→Ｄ→Ｉ

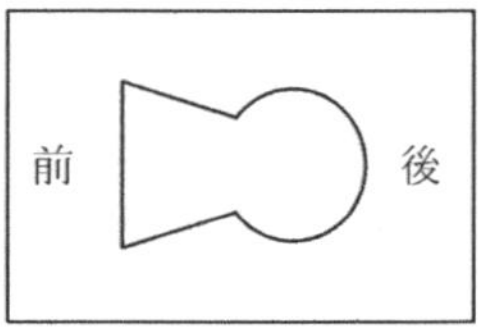


5　(1)ビスマルク　(2)③　(3)武家諸法度　(4)②　(5)後醍醐天皇　(6)伊能忠敬　(7)②　(8)口分田　(9)桜田門外の変　(10)②

6　(1)④　(2)内閣が総辞職／衆議院を解散／なし　(3)日本は国民が国会議員を選び，国会議員が内閣総理大臣を選ぶが，アメリカは国民が大統領選挙人を選び，大統領選挙人が大統領を選ぶ。　(4)②　(5)②　(6)①　(7)③　(8)自国のために役立つと思うことをしたいという項目で「はい」と答えた人は，自らの社会参加により社会現象が変えられるかもしれないと思っている人が多い。　(9)⑤　(10)④

## 《数　学》

1　(1)$\frac{7}{72}$　(2)$2\sqrt{3}$　(3)$4x^2+12x$　(4)$2(x-2)^2$　(5)$\pm 3$

2　(1)階級…40～60　最頻値…30　(2)$\angle x=70$　$\angle y=35$　(3)$\frac{3\pm\sqrt{13}}{2}$　(4)57

3　(1)$\frac{1}{2}$　(2)$y=x+4$　(3)12　(4)(２，２)　(5)$y=4$

4　ア．１　イ．２　ウ．１　エ．２　オ．３　カ．９　キ．２　ク．９　ケ．11　コ．44

5　(1)③　(2)イ．①　ウ．④（イ，ウは順不同）　エ．④　オ．③（エ，オは順不同）　(3)①　(4)(－３，３)　(5)$(0,\ \frac{6}{5})$

## 《理　科》

1　Ⅰ．(1)①　(2)ウ　(3)⑤　(4)ウ　(5)③　(6)キ　　Ⅱ．(1)外来　(2)エ　(3)裸子　(4)③　(5)合弁　(6)⑤　(7)イ

2　Ⅰ．(1)ＰＶＣ〔別解〕ＰＥＴ　(2)酸素　(3)２：１　(4)炭素　(5)$BaSO_4$　(6)二次電池

Ⅱ．(1)$CuCl_2$　(2)$Cl_2$　(3)イ　(4)銅　(5)オ　(6)イ

3　Ⅰ．(1)磁界　(2)Ｎ／Ｓ　(3)ア　(4)イ　(5)磁力の大きい磁石に変える／電流の値を大きくする　などから１つ

Ⅱ．(1)５　(2)Ｃ→Ｂ→Ａ　(3)①ア　②キ　(4)2.5　(5)下／２　(6)3.2

4　(1)ア．ａ　イ．ｂ　ウ．ｄ　エ．ｈ　(2)右図　(3)Ａ．6.3Ｘ　Ｂ．$\frac{7}{800}$Ｘ

(4)いつも地球に同じ面を向けている　(5)384000　(6)100

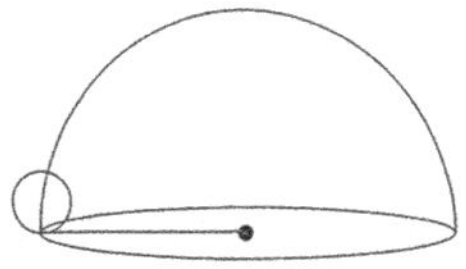

## 《英　語》

1　(1)③　(2)④　(3)①　(4)③　(5)③　(6)③　(7)②　(8)①　(9)①　(10)②　(11)③　(12)④　(13)①　(14)①　(15)①

2　(1)ア　(2)イ　(3)ウ　(4)ウ　(5)エ

3　(1)①　(2)①　(3)②　(4)③　(5)④

4　(1)right　(2)from　(3)believe　(4)affects　(5)fever　(6)taken〔別解〕stolen　(7)According　(8)consumed　(9)off　(10)corner

5　(1)エ　(2)ウ　(3)エ　(4)ウ，オ

6　(1)イ　(2)ア　(3)中学以来会っていないソフィーが同じ会場にいたということ。　(4)エ　(5)１ヶ月前に見かけた時に，ソフィーと話をする機会があったのに話しかけなかったから。

7　(1)I can't swim well.　(2)He is known to many people.

8　spread my culture to others around the world.　It is important for all people to learn about other countries' cultures and customs.　For example, food, clothing, and manners.　By doing so, we can connect with other people.

# 2022 解答例 令和４年度　宮崎第一高等学校【文理科】

## 《国　語》

一　問一．㋐回避　㋑利潤　㋒そこ　㋓ひっす　㋔しんちょく　　問二．ⓐア　ⓑウ　　問三．Ａ．オ　Ｂ．ウ　Ｃ．イ　Ｄ．ア　　問四．非　　問五．多様性をどんどんそぎ落とすこと。　　問六．危機が去って平時に戻る　問七．⑴危機が去ってレジリエンスの重要性を忘れた　⑵回復力が損なわれ、次の衝撃に耐えることができない　問八．家庭と地域の「自給力」を高める　　問九．エ

二　問一．㋐疾走　㋑やっかい　㋒加担　㋓収拾　㋔弧　　問二．ⓐウ　ⓑイ　　問三．イ　　問四．武藤が、末永をハメたことを顧問やキャプテンに自ら打ち明けることで、その件が解決するかもしれないという浅はかな考え。　問五．グーパーじゃんけんを終わらせたいという太二の意図。　　問六．エ

三　問一．ⓐとえば　ⓑとうとぶ　　問二．ウ　　問三．わが国の人は　　問四．⑴蝦夷の人を、愚かで何も知らないものだと馬鹿にしている。　⑵よその国のことを知らないから。　問五．ア

## 《社　会》

1　⑴③　⑵ア．チリ／⑤　イ．ギリシャ／①　ウ．コンゴ民主共和国／②　エ．エチオピア／③　オ．ベトナム／④　⑶⑤　⑷②　⑸④

2　⑴ア．ＡＳＥＡＮ　イ．季節風〔別解〕モンスーン　ウ．二期作　エ．プランテーション(農業)　⑵③　⑶②　⑷②　⑸③

3　⑴Ⓐ寺院　Ⓑ高等学校　ⓒ図書館　Ⓓ交番　⑵②　⑶③

4　⑴馬借　⑵②　⑶邪馬台国　⑷②　⑸③　⑹当時は木造の建物が多く，火が燃え広がったため。　⑺家柄にとらわれず，才能や功績のある人物を役人に取り立てるため。　⑻成長した天皇を補佐する役職。　⑼アヘン戦争　⑽Ｃ→Ｇ→Ｄ→Ｈ→Ｅ→Ａ→Ｂ→Ｉ→Ｆ

5　⑴白村江　⑵豊臣秀吉　⑶①　⑷③　⑸②　⑹③　⑺②　⑻征夷大将軍　⑼①　⑽小村寿太郎

6　⑴資料６　⑵ア　⑶ア，ウ　⑷資料５／資料11／資料12 から２つ　⑸資料番号…資料８／日本国憲法において，男女間の平等が規定されているにもかかわらず，男女間における賃金に格差がある点。(下線部は賃金の格差が広がっている点でもよい)　⑹(あの例文)地球規模で二酸化炭素の排出量が増え続けており，気候変動に伴う様々な災害が地球各地で多発している。それにもかかわらず，日本では，化石燃料車から燃料電池車への移行がなかなか進まないなどの課題がある。　(いの例文)日本は超高齢社会への移行期を迎え，税収は減少するにもかかわらず，社会保障にかかる費用が増大するという問題が生じている。また高齢者の増加に伴い，介護に係る人材の確保や処遇改善などの問題が山積している。　⑺(かえでさんの例文)ＳＤＧｓでも示されているように，2030年に向けて，住み続けられるまちづくりをしていくことが必要です。資料１，５から明らかなように，さくらみらい市は高齢化が進んでいます。また，資料３におけるａさん，ｂさん，ｆさんの声からも明らかなように，市民は誰もがくらしやすいまちを望んでいます。さらに，資料２に示されているように，くらしやすいまちづくりに必要な「総合ふくしセンター」の建設を望む市民の割合も高いといえます。以上から，くらしやすいまちづくりの実現を主張しているかえでさんを支持します。

## 《数　学》

1 (1)10　(2)$5a+2$　(3)$3(3x+1)(3x-1)$　(4)$-2-6\sqrt{2}$　(5)$x=3$　$y=-2$

2 (1)(ア)5　(イ)④　(2)(ア)$x-3$　(イ)39　(3)25　(4)3，12

3 (1)A$(-2,\ 4)$　B$(3,\ 9)$　(2)$y=x+6$　(3)15　(4)$y=-2x+\frac{15}{2}$

4 (1)$\frac{1}{6}$　(2)$\frac{1}{6}$　(3)$\frac{5}{12}$　(4)$\frac{7}{12}$　(5)$\frac{1}{6}$

5 ア．$12\pi$　イ．$24\pi$　ウ．2　エ．8　オ．$96\pi$　カ．$72\pi$　キ．4　ク．$96\pi$

## 《理　科》

1 Ⅰ．(1)生殖法…有性生殖　生物…ヒドラ　(2)アブラナ　(3)分離　(4)ＤＮＡ　(5)Ａａ　(6)３：５
(7)ＡＡ×ＡＡ／ＡＡ×Ａａ／ＡＡ×ａａ　Ⅱ．(1)(あ)１：１　(い)２：１　(2)Ｂｂ：ｂｂ＝１：１
(3)ＢＢ：Ｂｂ：ｂｂ＝２：３：１

2 Ⅰ．(1)$CO_2$　(2)①エ　②イ　③ウ　(3)④ウ　⑤ア　(4)Ａ／赤
Ⅱ．(1)①イ　②イ　③ウ　(2)水素　(3)右グラフ　(4)0.84　(5)３：７

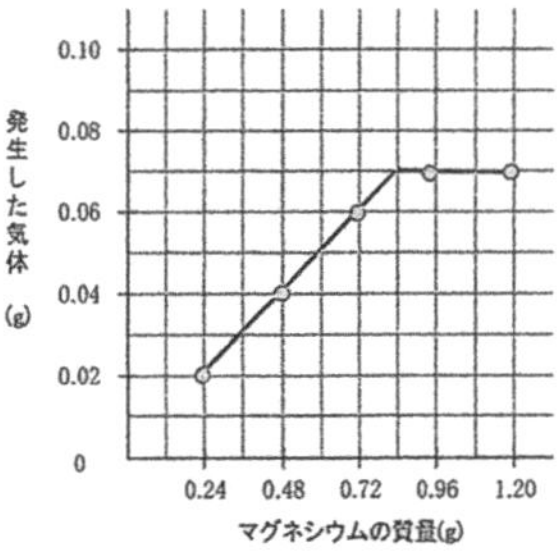


3 Ⅰ．(1)25　(2)ア　(3)音の変化…大きくなる　波形…ウ　(4)340　(5)②，④
Ⅱ．(1)重力／弾性(の)力　(2)８　(3)３　(4)ばねＡ…イ　ばねＢ…ア　(5)Ｂ

4 Ⅰ．(1)ア　(2)ウ　(3)地質時代　(4)隆起　Ⅱ．(1)露点　(2)イ　(3)39　(4)エ

## 《英　語》

1 (1)②　(2)③　(3)②　(4)③　(5)②　(6)③　(7)①　(8)①　(9)①　(10)③　(11)③　(12)①　(13)④
(14)③　(15)②　(16)③　(17)①　(18)①　(19)③　(20)②

2 (1)ウ　(2)イ　(3)ア　(4)エ　(5)ア

3 (1)broke　(2)computer　(3)to　(4)convenience　(5)December　(6)been　(7)written　(8)is　(9)too
(10)fasten〔別解〕wear

4 (1)told　(2)when　(3)have　(4)gone　(5)taller

5 (1)母親に，自分のことで心配をかけたくなかったから。　(2)ウ　(3)ア．先生達が授業中とても速く英語を話すので，理解することができないから。　イ．悩みを相談できる友人がいないから。　(4)アメリカについて知るために友達をつくり，彼らに日本について教えたいから。　(5)ウ

6 (1)You mustn't take pictures in this museum.　(2)My sister cleans her room every day.

7 I think it is difficult to live without a smartphone.　Smartphones are useful for most people.　We use our smartphones to communicate with our friends and families.　So, I think we can't live without a smartphone.

## ■ ご使用にあたってのお願い・ご注意

（1）問題文等の非掲載

著作権上の都合により，問題文や図表などの一部を掲載できない場合があります。

誠に申し訳ございませんが，ご了承くださいますようお願いいたします。

（2）過去問における時事性

過去問題集は，学習指導要領の改訂や社会状況の変化，新たな発見などにより，現在とは異なる表記や解説になっている場合があります。過去問の特性上，出題当時のままで出版していますので，あらかじめご了承ください。

（3）配点

学校等から配点が公表されている場合は，記載しています。公表されていない場合は，記載していません。

独自の予想配点は，出題者の意図と異なる場合があり，お客様が学習するうえで誤った判断をしてしまう恐れがあるため記載していません。

（4）無断複製等の禁止

購入された個人のお客様が，ご家庭でご自身またはご家族の学習のためにコピーをすることは可能ですが，それ以外の目的でコピー，スキャン，転載（ブログ，ＳＮＳなどでの公開を含みます）などをすることは法律により禁止されています。学校や学習塾などで，児童生徒のためにコピーをして使用することも法律により禁止されています。

ご不明な点や，違法な疑いのある行為を確認された場合は，弊社までご連絡ください。

（5）けがに注意

この問題集は針を外して使用します。針を外すときは，けがをしないように注意してください。また，表紙カバーや問題用紙の端で手指を傷つけないように十分注意してください。

（6）正誤

制作には万全を期しておりますが，万が一誤りなどがございましたら，弊社までご連絡ください。

なお，誤りが判明した場合は，弊社ウェブサイトの「ご購入者様のページ」に掲載しておりますので，そちらもご確認ください。

## ■ お問い合わせ

解答例，解説，印刷，製本など，問題集発行におけるすべての責任は弊社にあります。

ご不明な点がございましたら，弊社ウェブサイトの「お問い合わせ」フォームよりご連絡ください。迅速に対応いたしますが，営業日の都合で回答に数日を要する場合があります。

ご入力いただいたメールアドレス宛に自動返信メールをお送りしています。自動返信メールが届かない場合は，「よくある質問」の「メールの問い合わせに対し返信がありません。」の項目をご確認ください。

また弊社営業日（平日）は，午前９時から午後５時まで，電話でのお問い合わせも受け付けています。

2025 春

株式会社教英出版
〒422-8054　静岡県静岡市駿河区南安倍３丁目 12-28
TEL　054-288-2131　　FAX　054-288-2133
URL　https://kyoei-syuppan.net/
MAIL　siteform@kyoei-syuppan.net

## 学校別問題集

### 北海道
①札幌北斗高等学校
②北星学園大学附属高等学校
③東海大学付属札幌高等学校
④立命館慶祥高等学校
⑤北海高等学校
⑥北見藤高等学校
⑦札幌光星高等学校
⑧函館ラ・サール高等学校
⑨札幌大谷高等学校
⑩北海道科学大学高等学校
⑪遺愛女子高等学校
⑫札幌龍谷学園高等学校
⑬札幌日本大学高等学校
⑭札幌第一高等学校
⑮旭川実業高等学校
⑯北海学園札幌高等学校

### 青森県
①八戸工業大学第二高等学校

### 宮城県
①聖和学園高等学校（A日程）
②聖和学園高等学校（B日程）
③東北学院高等学校（A日程）
④東北学院高等学校（B日程）
⑤仙台大学附属明成高等学校
⑥仙台城南高等学校
⑦東北学院榴ケ岡高等学校
⑧古川学園高等学校
⑨仙台育英学園高等学校（A日程）
⑩仙台育英学園高等学校（B日程）
⑪聖ウルスラ学院英智高等学校
⑫宮城学院高等学校
⑬東北生活文化大学高等学校
⑭東北高等学校
⑮常盤木学園高等学校
⑯仙台白百合学園高等学校
⑰尚絅学院高等学校（A日程）
⑱尚絅学院高等学校（B日程）

### 山形県
①日本大学山形高等学校
②惺山高等学校
③東北文教大学山形城北高等学校
④東海大学山形高等学校
⑤山形学院高等学校

### 福島県
①日本大学東北高等学校

### 新潟県
①中越高等学校
②新潟第一高等学校
③東京学館新潟高等学校
④日本文理高等学校
⑤新潟青陵高等学校
⑥帝京長岡高等学校
⑦北越高等学校
⑧新潟明訓高等学校

### 富山県
①高岡第一高等学校
②富山第一高等学校

### 石川県
①金沢高等学校
②金沢学院大学附属高等学校
③遊学館高等学校
④星稜高等学校
⑤鵬学園高等学校

### 山梨県
①駿台甲府高等学校
②山梨学院高等学校（特進）
③山梨学院高等学校（進学）
④山梨英和高等学校

### 岐阜県
①鶯谷高等学校
②富田高等学校
③岐阜東高等学校
④岐阜聖徳学園高等学校
⑤大垣日本大学高等学校
⑥美濃加茂高等学校
⑦済美高等学校

### 静岡県
①御殿場西高等学校
②知徳高等学校
③日本大学三島高等学校
④沼津中央高等学校
⑤飛龍高等学校
⑥桐陽高等学校
⑦加藤学園高等学校
⑧加藤学園暁秀高等学校
⑨誠恵高等学校
⑩星陵高等学校
⑪静岡県富士見高等学校
⑫清水国際高等学校
⑬静岡サレジオ高等学校
⑭東海大学付属静岡翔洋高等学校
⑮静岡大成高等学校
⑯静岡英和女学院高等学校
⑰城南静岡高等学校
⑱静岡女子高等学校
⑲ 常葉大学附属常葉高等学校
　 常葉大学附属橘高等学校
　 常葉大学附属菊川高等学校
⑳静岡北高等学校
㉑静岡学園高等学校
㉒焼津高等学校
㉓藤枝明誠高等学校
㉔静清高等学校
㉕磐田東高等学校
㉖浜松学院高等学校
㉗浜松修学舎高等学校
㉘浜松開誠館高等学校
㉙浜松学芸高等学校
㉚浜松聖星高等学校
㉛浜松日体高等学校
㉜聖隷クリストファー高等学校
㉝浜松啓陽高等学校
㉞オイスカ浜松国際高等学校

### 愛知県
①［国立］愛知教育大学附属高等学校
②愛知高等学校
③名古屋経済大学市邨高等学校
④名古屋経済大学高蔵高等学校
⑤名古屋大谷高等学校
⑥享栄高等学校
⑦椙山女学園高等学校
⑧大同大学大同高等学校
⑨日本福祉大学付属高等学校
⑩中京大学附属中京高等学校
⑪至学館高等学校
⑫東海高等学校
⑬名古屋たちばな高等学校
⑭東邦高等学校
⑮名古屋高等学校
⑯名古屋工業高等学校
⑰名古屋葵大学高等学校
（名古屋女子大学高等学校）
⑱中部大学第一高等学校
⑲桜花学園高等学校
⑳愛知工業大学名電高等学校
㉑愛知みずほ大学瑞穂高等学校
㉒名城大学附属高等学校
㉓修文学院高等学校
㉔愛知啓成高等学校
㉕聖カピタニオ女子高等学校
㉖滝高等学校
㉗中部大学春日丘高等学校
㉘清林館高等学校
㉙愛知黎明高等学校
㉚岡崎城西高等学校
㉛人間環境大学附属岡崎高等学校
㉜桜丘高等学校

㉝光ヶ丘女子高等学校
㉞藤ノ花女子高等学校
㉟栄徳高等学校
㊱同朋高等学校
㊲星城高等学校
㊳安城学園高等学校
㊴愛知産業大学三河高等学校
㊵大成高等学校
㊶豊田大谷高等学校
㊷東海学園高等学校
㊸名古屋国際高等学校
㊹啓明学館高等学校
㊺聖霊高等学校
㊻誠信高等学校
㊼誉高等学校
㊽杜若高等学校
㊾菊華高等学校
㊿豊川高等学校

### 三重県

①暁高等学校(3年制)
②暁高等学校(6年制)
③海星高等学校
④四日市メリノール学院高等学校
⑤鈴鹿高等学校
⑥高田高等学校
⑦三重高等学校
⑧皇學館高等学校
⑨伊勢学園高等学校
⑩津田学園高等学校

### 滋賀県

①近江高等学校

### 大阪府

①上宮高等学校
②大阪高等学校
③興國高等学校
④清風高等学校
⑤早稲田大阪高等学校
(早稲田摂陵高等学校)
⑥大商学園高等学校
⑦浪速高等学校
⑧大阪夕陽丘学園高等学校
⑨大阪成蹊女子高等学校
⑩四天王寺高等学校
⑪梅花高等学校
⑫追手門学院高等学校
⑬大阪学院大学高等学校
⑭大阪学芸高等学校
⑮常翔学園高等学校
⑯大阪桐蔭高等学校
⑰関西大倉高等学校
⑱近畿大学附属高等学校
⑲金光大阪高等学校
⑳星翔高等学校
㉑阪南大学高等学校
㉒箕面自由学園高等学校
㉓桃山学院高等学校
㉔関西大学北陽高等学校

### 兵庫県

①雲雀丘学園高等学校
②園田学園高等学校
③関西学院高等部
④灘高等学校
⑤神戸龍谷高等学校
⑥神戸第一高等学校
⑦神港学園高等学校
⑧神戸学院大学附属高等学校
⑨神戸弘陵学園高等学校
⑩彩星工科高等学校
⑪神戸野田高等学校
⑫滝川高等学校
⑬須磨学園高等学校
⑭神戸星城高等学校
⑮啓明学院高等学校
⑯神戸国際大学附属高等学校
⑰滝川第二高等学校
⑱三田松聖高等学校
⑲姫路女学院高等学校
⑳東洋大学附属姫路高等学校
㉑日ノ本学園高等学校
㉒市川高等学校
㉓近畿大学附属豊岡高等学校
㉔夙川高等学校
㉕仁川学院高等学校
㉖育英高等学校

### 奈良県

①西大和学園高等学校

### 岡山県

①[県立]岡山朝日高等学校
②清心女子高等学校
③就実高等学校
(特別進学コース〈ハイグレード・アドバンス〉)
④就実高等学校
(特別進学チャレンジコース・総合進学コース)
⑤岡山白陵高等学校
⑥山陽学園高等学校
⑦関西高等学校
⑧おかやま山陽高等学校
⑨岡山商科大学附属高等学校
⑩倉敷高等学校
⑪岡山学芸館高等学校(1期1日目)
⑫岡山学芸館高等学校(1期2日目)
⑬倉敷翠松高等学校
⑭岡山理科大学附属高等学校
⑮創志学園高等学校
⑯明誠学院高等学校
⑰岡山龍谷高等学校

### 広島県

①[国立]広島大学附属高等学校
②[国立]広島大学附属福山高等学校
③修道高等学校
④崇徳高等学校
⑤広島修道大学ひろしま協創高等学校
⑥比治山女子高等学校
⑦呉港高等学校
⑧清水ヶ丘高等学校
⑨盈進高等学校
⑩尾道高等学校
⑪如水館高等学校
⑫広島新庄高等学校
⑬広島文教大学附属高等学校
⑭銀河学院高等学校
⑮安田女子高等学校
⑯山陽高等学校
⑰広島工業大学高等学校
⑱広陵高等学校
⑲近畿大学附属広島高等学校福山校
⑳武田高等学校
㉑広島県瀬戸内高等学校(特別進学)
㉒広島県瀬戸内高等学校(一般)
㉓広島国際学院高等学校
㉔近畿大学附属広島高等学校東広島校
㉕広島桜が丘高等学校

### 山口県

①高水高等学校
②野田学園高等学校
③宇部フロンティア大学付属香川高等学校
(普通科〈特進・進学コース〉)
④宇部フロンティア大学付属香川高等学校
(生活デザイン・食物調理・保育科)
⑤宇部鴻城高等学校

### 徳島県

①徳島文理高等学校

### 香川県

①香川誠陵高等学校
②大手前高松高等学校

### 愛媛県

①愛光高等学校
②済美高等学校
③FC今治高等学校
④新田高等学校
⑤聖カタリナ学園高等学校

## 福岡県

①福岡大学附属若葉高等学校
②精華女子高等学校(専願試験)
③精華女子高等学校(前期試験)
④西南学院高等学校
⑤筑紫女学園高等学校
⑥中村学園女子高等学校(専願入試)
⑦中村学園女子高等学校(前期入試)
⑧博多女子高等学校
⑨博多高等学校
⑩東福岡高等学校
⑪福岡大学附属大濠高等学校
⑫自由ケ丘高等学校
⑬常磐高等学校
⑭東筑紫学園高等学校
⑮敬愛高等学校
⑯久留米大学附設高等学校
⑰久留米信愛高等学校
⑱福岡海星女子学院高等学校
⑲誠修高等学校
⑳筑陽学園高等学校(専願入試)
㉑筑陽学園高等学校(前期入試)
㉒真颯館高等学校
㉓筑紫台高等学校
㉔純真高等学校
㉕福岡舞鶴高等学校
㉖折尾愛真高等学校
㉗九州国際大学付属高等学校
㉘祐誠高等学校
㉙西日本短期大学附属高等学校
㉚東海大学付属福岡高等学校
㉛慶成高等学校
㉜高稜高等学校
㉝中村学園三陽高等学校
㉞柳川高等学校
㉟沖学園高等学校
㊱福岡常葉高等学校
㊲九州産業大学付属九州高等学校
㊳近畿大学附属福岡高等学校
㊴大牟田高等学校
㊵久留米学園高等学校
㊶福岡工業大学附属城東高等学校
(専願入試)
㊷福岡工業大学附属城東高等学校
(前期入試)
㊸八女学院高等学校
㊹星琳高等学校
㊺九州産業大学付属九州産業高等学校
㊻福岡雙葉高等学校

## 佐賀県

①龍谷高等学校
②佐賀学園高等学校
③佐賀女子短期大学付属佐賀女子高等学校
④弘学館高等学校
⑤東明館高等学校
⑥佐賀清和高等学校
⑦早稲田佐賀高等学校

## 長崎県

①海星高等学校(奨学生試験)
②海星高等学校(一般入試)
③活水高等学校
④純心女子高等学校
⑤長崎南山高等学校
⑥長崎日本大学高等学校(特別入試)
⑦長崎日本大学高等学校(一次入試)
⑧青雲高等学校
⑨向陽高等学校
⑩創成館高等学校
⑪鎮西学院高等学校

## 熊本県

①真和高等学校
②九州学院高等学校
(奨学生・専願生)
③九州学院高等学校
(一般生)
④ルーテル学院高等学校
(専願入試・奨学入試)
⑤ルーテル学院高等学校
(一般入試)
⑥熊本信愛女学院高等学校
⑦熊本学園大学付属高等学校
(奨学生試験・専願生試験)
⑧熊本学園大学付属高等学校
(一般生試験)
⑨熊本中央高等学校
⑩尚絅高等学校
⑪文徳高等学校
⑫熊本マリスト学園高等学校
⑬慶誠高等学校

## 大分県

①大分高等学校

## 宮崎県

①鵬翔高等学校
②宮崎日本大学高等学校
③宮崎学園高等学校
④日向学院高等学校
⑤宮崎第一高等学校
(文理科)
⑥宮崎第一高等学校
(普通科・国際マルチメディア科・電気科)

## 鹿児島県

①鹿児島高等学校
②鹿児島実業高等学校
③樟南高等学校
④れいめい高等学校
⑤ラ・サール高等学校

**新刊**
**もっと過去問シリーズ**

## 愛知県

愛知高等学校
7年分(数学・英語)
中京大学附属中京高等学校
7年分(数学・英語)
東海高等学校
7年分(数学・英語)
名古屋高等学校
7年分(数学・英語)
愛知工業大学名電高等学校
7年分(数学・英語)
名城大学附属高等学校
7年分(数学・英語)
滝高等学校
7年分(数学・英語)

※もっと過去問シリーズは入学試験の実施教科に関わらず、数学と英語のみの収録となります。

教英出版
〒422-8054
静岡県静岡市駿河区南安倍3丁目12−28
TEL 054-288-2131
FAX 054-288-2133
詳しくは教英出版で検索
教英出版　検索
URL https://kyoei-syuppan.net/

令和６年度

# 宮崎第一高等学校入学者選抜学力検査問題

（１月24日　第１時限　９時00分～９時45分）

# 国　　　語

## （文理科）

（注　　　意）

１．「始め」の合図があるまで，このページ以外のところを見てはいけません。

２．問題用紙は，表紙を除いて13ページで，問題は３題です。

３．「始め」の合図があったら，まず解答用紙に出身中学校名，受験番号と氏名を記入し，次に問題用紙のページ数を調べて，抜けているページがあれば申し出てください。

４．答えは，必ず解答用紙に記入してください。

５．印刷がはっきりしなくて読めないときは，静かに手をあげてください。問題内容や答案作成上の質問は認めません。

６．「やめ」の合図があったら，すぐに筆記用具をおき，問題用紙と解答用紙を別にし，裏返しにして，机の上においてください。

**問題用紙は持ち帰ってかまいません。**

2024(R6) 宮崎第一高（文理）
教英出版

## 一　次の文章を読んで、後の問いに答えなさい。

（作問の都合上、原文の一部を変更しています。また、記述・抜き出しの問題では、記号や句読点も一字に数えて解答しなさい。）

個人化が進み、固有の人とつきあう必要性が薄れたことで、私たちは、つながりの輪に入るために、自ら動き、つながりを自足しなければならなくなった。人びとは意中の人との関係を保つために、つながりに大量の感情を注ぐようになった。

おたがいの気遣いと感情で成り立つ関係は、どちらかの感情が冷めれば、つながりそのものが消失してしまうもろさを抱えている。関係が不安定化するなかで世に広まったのが、空間的に離れた場にいる人をつなぐツール、すなわち、携帯電話である。

目の前にいない「友だち」を捕捉してくれる携帯電話は、不安定になった私たちのつながりの㋐スキマを埋めるように、またたく間に普及していった。現代社会は、㋑タンマツを介して身の回りにいない友だちとつねにつながる「常時接続の時代」を迎えている。

①「形から入る友人」関係の維持にⓐ腐心する人びとは、ケータイ、スマホの電池残量を気にしつつ、肌身離さずケータイ、スマホをもつよう心がける。個人化により［　X　］を手に入れた私たちは、その環境とは裏腹に「どこにいてもつながりに捕捉される社会」に身を投じるようになったのである。

自由をもてあまし、巨大なシステムに身を寄せる姿勢は、ドイツの㋒テツガク者、エーリッヒ・フロムの述べる「自由からの逃走」を思い起こさせる。フロムはナチスドイツを事例に、自由と孤独の狭間に揺れた人びとが、自由を捨て全体主義にⓑ傾斜したありようを描いている。

つながりにおける「自由からの逃走」の手段として機能している情報通信ツールは、逃走の経路を充実させることで爆発的な普及を遂げていった。情報通信ツールは、目の前にいない人とのつながりにまつわる欲求を次々にかなえながら普及していったのである。その過程で、②人びとのコミュニケーションのなかのグレーな領域はなくなっていった。

コミュニケーションについて、今一度考えると、基本的にはグレーな領域の多い曖昧なものだということに気づく。いつ、誰から連絡をもらい、どういったことを話したかなどは、大事な話でないかぎり、よほど記憶力のよい人、あるいは記録熱心な人以外は忘れてしまう。

コミュニケーションにおける曖昧さの除去は、「形から入る友人」関係においてことのほか重要な意味合いをもつ。曖昧さがそのままつながりへの不安を喚起する材料になるからだ。

おたがい「友だちである」という感覚を更新し続けることで維持される「形から入る友人」関係は、感覚に依拠するゆえ、本質的に曖昧さを抱える。人の感覚や感情は目に見えるものではないので、感覚に依拠する関係は、当事者どうしが「ある」と思えば存在し、「ない」と思えばなくなってしまう非常に曖昧かつ不安定なつながりなのである。

人間関係が流動化するなか、人びとは、出会った相手と友人、恋人といった関係にならなければ、つながりの輪から取り残されるリスクを背負っている。その一方、友人や恋人は感覚に依拠するため曖昧さをともなう。

情報通信ツールは、人間関係が流動化し、おたがい「友だち」であることを求められるなか、曖昧にされてきたつながりの中身を、非常にわかりやすい形で可視化させた。この機能は、私たちを情報通信ツールにますますしばりつけるはたらきをもつ。

（　中略　）

コミュニケーションが可視化されるなかで、遠くにいる人びとと常につながり続ける状況は、私たちの孤独感をあおり立てる。（　Ａ　）、若者研究では、携帯メールを㋓ヒンパンに利用する人ほど、孤独に対して恐怖を抱き、孤独に耐える力が弱くなる、と言われている。メールやＬＩＮＥなどの③コミュニケーション・ツールが人びとの孤独への恐怖をあおる仕組みについて、社会学の相対的剥奪という概念を使って考えてみよう。

相対的剥奪とは、人びとの不満は、主観的な期待水準と実際に達成されたものとの格差（剥奪）により※相対的に決定されるという考え方である。たとえば、偏差値七〇のＡさんと、偏差値五〇のＢさんが中堅レベルのＸ大学に合格し、入学したとしよう。

相対的剥奪の理論にしたがえば、このとき二人が感じる喜びは、ＡさんよりもＢさんのほうが大きくなる。というのも、もともと偏差値の高いＡさんは、進学先への期待水準が高くなるため、中堅レベルのＸ大学への入学という成果をあまり喜べないからだ。（　Ｂ　）、あまり偏差値の高くないＢさんは、進学先への期待も高くはない。（　Ｃ　）、Ｘ大学に入学するにあたっての剥奪感はなく、満足して入学式を迎えることができる。

この概念をもとに、つながりにおける「常時接続前」と「常時接続後」の時代を比べてみよう。

つながりが不安定化してゆくと、人びとは相手をつなぎ止められるか否《いな》かという不安を抱えるようになる。このような状況で登場した「常時接続」のつながりの場は、「自由からの逃走」の経路となるばかりでなく、人びとのつながりへの期待を拡大させる。

ケータイ、スマホの登場により、これまで私たちを㋔隔てていた物理的な距離は無視しうるものとなった。私たちは、いつでも、どこでも意中の相手とつながる環境を手に入れたのである。しかし、膨らんだ期待は、それがかなわなかったときの失望感も増幅させる。（　Ｄ　）、「つながらないこと」に対する耐久力を大幅に落としてしまう。

たとえば、友だち、またつきあっている人とつながらない状況を考えてみよう。「常時接続前」の時代であれば、距離の隔たった相手と「つながること」は当たり前ではないので、つながっていない状況に対する不満や不安は、そう簡単には生じない。

手紙の時代であっても、相手の返信にやきもきすることはあったようだが、一日、二日連絡がないことは、それほど気にならなかっただろう。そもそも、手紙の時代にはそれほどの短期間で連絡をとる手段もなかった。

# 国語 3

「常時接続」の時代になると、相手と「つながること」が常態になる。人びとが相手とつながることを当然と考えているならば、かりに、目の前にいない誰かとつながらない事態が生じると、その状況に対して強い不満や不安を抱くようになる。しかも、「常時接続」の時代のコミュニケーションは可視化されているので、私たちはどのくらいの時間相手とつながっていないのか、相手がメッセージを確認してくれたのか、つねに意識させられる。「常時接続」の社会は、人びとから誰かとつながらないことへの耐性を奪ってゆくのである。

コミュニケーション・ツールから切断された数十分後、数時間後には不安・不満を感じる、ＬＩＮＥやＩｎｓｔａｇｒａｍを日に何度もチェックしないと落ち着かない。そういう気持ちを抱いている人たちはけっして少なくないだろう。

湿らせてもすぐに乾いてしまう砂のように、私たちのつながりの欲求は満たされることを知らない。すぐに訪れる乾きは、私たちをケータイ、スマホへとしばりつけてゆくのである。

（石田光規『「友だち」から自由になる』光文社新書より）

※相対的……他との比較において決まること。

問一　==線部㋐～㋔の漢字は平仮名に、カタカナは漢字に直しなさい。

問二　~~線部ⓐ・ⓑの意味として最も適切なものを、下のア～エの中からそれぞれ選び、記号で答えなさい。

ⓐ　腐心する
- ア　消極的になる
- イ　嫌気がさす
- ウ　心を悩ませる
- エ　関心をもたない

ⓑ　傾斜した
- ア　疑いを抱いた
- イ　偏っていった
- ウ　反発し始めた
- エ　安定を失った

問三 （ A ）～（ D ）に当てはまる語を、次のア～オの中からそれぞれ選び、記号で答えなさい。

ア 言い換えると　イ そのため　ウ たとえば　エ しかも　オ 一方

問四 ――線部①「『形から入る友人』関係」とはどのような関係ですか。それを説明した次の文の空欄を補うのに適切な言葉を、本文から二十五字以内で抜き出しなさい。

個人化が進み、固有の人と付き合う必要性が薄れるなかで、［（二十五字以内）］ことで保たれる関係。

問五 ［ X ］に当てはまる表現を、次のア～エの中から一つ選び、記号で答えなさい。

ア 誰かとつながらなくてもよい自由
イ どこでも誰かとつながれる自由
ウ 誰とでもつながることのできる自由
エ いつも誰かとつながっている自由

問六 ――線部②「人びとのコミュニケーションのなかのグレーな領域はなくなっていった」とありますが、それはどういうことですか。六十字以内で説明しなさい。

問七　――線部③「コミュニケーション・ツールが人びとの孤独への恐怖をあおる仕組みについて、社会学の相対的剥奪という概念を使って考えてみよう」とありますが、「社会学の相対的剥奪という概念」に基づくと、「コミュニケーション・ツールが人びとの孤独への恐怖をあおる」のはなぜですか。その理由として最も適切なものを、次のア～エの中から一つ選び、記号で答えなさい。

ア　コミュニケーション・ツールによって遠くにいる人びとと常につながることができるが、それはおたがいの感覚に依拠することで維持される関係に過ぎず、曖昧かつ不安定なつながりであるから。

イ　コミュニケーション・ツールによって遠くにいる人びとと常につながることができるようになると、意中の相手が物理的な距離を無視して、自分以外の誰かとつながる可能性を高めてしまうから。

ウ　コミュニケーション・ツールによって遠くにいる人びとと常につながる環境は、つながりへの期待を拡大させるが、その分つながらないことへの失望感も増幅させてしまうから。

エ　コミュニケーション・ツールによって遠くにいる人びとと常につながり続ける状況は、相手とつながることが当たり前ではなかった時代の人びととの断絶を深めることになるから。

問八　本文の内容に合致するものを、次のア～エの中から一つ選び、記号で答えなさい。

ア　情報通信ツールによって、「自由からの逃走」をするための経路を簡単に調べられるようになった。

イ　偏差値七〇のAさんは進学先への期待水準がもともと高いため、どの大学に合格してもあまり喜べない。

ウ　「常時接続前」の時代であれば、相手とつながっていないことへの不満や不安はまったく感じなかった。

エ　相対的剥奪感に加えて、つながっていないことが可視化されてしまうことも、孤独感の原因である。

## 二 次の文章を読んで、後の問いに答えなさい。

（作問の都合上、原文の一部を変更しています。また、記述・抜き出しの問題では、記号や句読点も一字に数えて解答しなさい。）

「母さんをだしに使うて、英子ちゃんを誘うたがか」

千代はおかしそうに笑った。※重竜の死後、初めて見せた母の笑顔であった。

「なァん、だしに使うたでないっちゃ。母さんも一緒に行くやろと思たがや」

「なん、母さん折角《せっかく》やけど行けんよ。うまいこと言うてェ……」

「なしてよォ……？」

「用事がいっぱいあるちゃ。※喜三郎兄さんに手紙も書かにゃならんし」

「母さん、大阪へ行くがか？」

竜夫はこれまでも同じ質問を母に投げかけていた。いつも千代は黙って答えなかった。千代自身、これからどういう身の振り方をしたらいいのかⓐ思いあぐねていたのだった。六月が終ったらこの豊川町の家は明け渡さなければならなかった。親子二人が住める家は、いくらでもあったが、もし喜三郎に随《したが》って大阪へ移るとなると、それまでに余計な金を使うことが惜しまれた。あれ以来二度程喜三郎から催促の手紙が届いていた。喜三郎はどうやら本気らしかったし、千代にとっても悪い話ではなかった。確かに喜三郎の言う通り、※賄《まかな》い婦をして得られる収入はたかが知れていた。たとえ喜三郎にⓑ体《てい》よく利用されるにしても、新聞社の社員食堂に勤めて細々と暮らすよりましかもしれなかった。だが、心から信頼を寄せている訳でもない兄を頼って、この住み慣れた地を離れることの決心は、千代にはどうしてもつきかねていた。

「竜夫は大阪へ行くこと、どう思う？」

と千代は息子に訊《き》いた。

「母さんが行きたいなら、俺はええちゃ」

「ほんとに行ってもええがか」

「……うん」

そんな筈《はず》は決してなかった。千代は竜夫の気持がよく判《わか》った。竜夫がもう少し大きくなるまでは、この生れ育った古里《ふるさと》から離れさせたくないと思っていた。だが竜夫は竜夫で、自分たちはきっと大阪へ行くだろうと予感していた。喜三郎から大阪へくることを㋐ススめられた時から、なぜかそんな気がしていたのである。そして二人とも大阪へなど行きたくなかった。

大森亀太郎から借りた金は、病院への払いと葬儀の費用で半分は使ってしまっていた。そのうえ、どうしても支払っておかねばならないこまごまとした借金を払っているうちに、残りも※あらかた消えてしまったのである。親子はすでに明日からの生活に難儀を㋑強いられていた。

玄関で声がした。英子と初子の親子であった。

「ちょっと早いけど、娘を連れて来ましたちゃ」

と初子が大きい声で言った。そして、

「ええ天気でよかったねぇ」

と笑った。空は滅多にない程青く澄みきっていた。

うしろに腕を回して、英子は恥ずかしそうに母親の背後で立っていた。黄色い小花を散らしたワンピースは、英子の色白の肌によく㋒映えた。その女らしさは、自分よりももっと遠くのものを知っているような風情《ふぜい》が宿っていて、竜夫は一目で気遅れしてしまった。

「きょうは昼からお弁当作るのに大変でしたちゃ」

初子は水筒と重箱を重そうにかざした。

「ほんとに、無理に誘うたりしてねェ。お握りだけはこしらえといたけどォ……」

「なァん、連れて行ってもらうのはこの娘の方やけに、食料はこっち持ちですちゃ。……年頃の娘を持つと、神経質になってしもうて、やっぱり夜遅うなるやろ思うて心配したがや。銀蔵さんやお母さんも一緒に行かれるて聞いて安心してェ」

千代は上目遣いで竜夫を見つめそのまま笑いながら初子に言った。

「そんなにたくさんの螢《ほたる》なんて見たことないから、いっぺんどんなもんか見とうなってねェ。それできょうは私の方が一所懸命ですちゃ」

玄関の上り口に腰かけていた初子は、

「螢もだんだん少なななる、昔はこの辺にも何匹か飛んどったがに。ええ農薬が出来るのは結構やれど」

と言って立ち上った。そして、おみやげに螢をたんと持って帰ってくだはりませと三人に言って帰っていった。【初子と入れ替わるように、銀蔵が糊《のり》をきかした真新しい半纏《はんてん》を着て訪れた。銀蔵は英子を見るなり、

「やあやあ、なんと別嬪《べっぴん》さんになりなさって、驚いたちゃ」

と喜色満面で言った。

「この爺《じい》ちゃんの知っとる英子ちゃんは、短いスカートはいて走り廻《まわ》っとったぞ」

銀蔵の優しさが、英子の口をほぐしていった。

「爺ちゃんはいっつも半纏着てェ……。よそいきも半纏やね」

「おうよ、きょうの半纏は特別上等のよそいきやちゃ」

銀蔵は、服を着替えて玄関に出て来た千代を見て、

「あれ、千代さんも行くがけ？」

と訊《き》いた。

「行かにゃならんはめになってしまいましたがや」

竜夫には、千代もまた何となくはしゃいでいるように見えた。

銀蔵は腰に下げた大きな水筒を指差した。

「これは酒じゃ。ちゃんと懐中電燈《とう》も持って来たし、草の上に座るにはビニールの風呂敷《ふろしき》もいるがちゃ」

その銀蔵の持ち物と英子の持参した水筒や弁当に、千代の作った握り飯を加えると、かなりの荷物になった。それらを自転車の荷台にくくりつけて、竜夫が押していくことになった。

（　中略　）

「おう、……暮れてきたのお」

陽《ひ》は一気に落ちていった。暗雲と黄金色《こがねいろ》の光源がだんだらにまろび合いながら、一種壮絶な赤色を生み出していた。広大な空には点々と炎が炸裂《さくれつ》していたが、それは残り火が放つぎりぎりの赤、滅んでいくものの持つ一種の狂おしいほどの赤であった。

「螢、ほんとに出るがやろか？」

と英子がまた銀蔵に訊いた。

「わしの勘に狂いはないがや。きっと一生に一遍の日になるちゃ」

それからまた相当な道のりを歩いた。銀蔵の言葉どおり、いたち川は左に曲がりながら、木々の繁茂の中を抜けていた。そこから向こうを眺めると、道は極端に細くなっている。自転車を押して歩ける幅ではなかった。竜夫はそこに自転車を置いていくことにした。日が暮れてしまうと風が冷たかった。木々の下はもう全くの(エ)ヤミであった。草叢《くさむら》にビニールを敷いて、四人は足を投げだした。銀蔵が木の枝に懐中電燈をぶらさげた。虫の鳴き声とせせらぎの音が地鳴りのように高まっている。遠い人家の灯が水田の中に点在していて、それらはよく見るとこころもち低地で光っている。知らぬまに道はのぼっていたのである。川のほとりの道は、そこから土手のようにも伸びているので

あった。深い草叢が細道を包み込んでいた。

「もうどこらへんまで来たがやろか？」

という英子の問いに、

「大泉を過ぎて、もうだいぶ歩いたから……」

体をまさぐりながら銀蔵は何かをさがしていた。

「しもうた。時計を忘れて来たちゃ」

英子も千代も時計を持ってこなかった。もちろん竜夫もであった。

「来た道をまた歩いて帰ることになるから、早いとこ引き返さんと……」

千代が言った。英子をちゃんと家まで送り届けなければならぬと彼女は思っていた。いまから引き返したとしても、九時を廻るに違いない。

「なァん、遅うなってもかまわんちゃ。……まだ螢の生まれよるところまで来とらんのに」

英子は不満そうに前髪をつまんだ。

「生まれよるとこでないがや。あっちこっちから集まってきてェ、交尾しよるとこやが」

銀蔵は体から甘い酒の匂いを漂わせていた。

「千歩、歩こう」

とそれまで一度も口をきかなかった竜夫が言った。

「千歩行って螢が出なんだら、あきらめて帰るちゃ」

「千五百歩目に出たらどうするがや」

と英子がなさけなさそうに答えたのでみんな笑った。

「よし千五百歩まで歩くちゃ。それで出なんだらあきらめるがや。それに決めたぞ」

梟《ふくろう》の声が頭上から聞こえた。千代の心にその瞬間ある考えが浮かんだ。人里離れた夜道をここからさらに千五百歩進んで、もし螢が出なかったら、引き返そう。そして自分もまた富山に残り、賄い婦をして息子を育てていこう。だがもし螢の大群に㋔ソウグウしたら、その時は喜三郎の言うように大阪へ行こう。

①立ちあがった千代の膝《ひざ》がかすかに震えた。千代とて、絢爛《けんらん》たる螢の乱舞を一度は見てみたかった。出逢《であ》うかどうか判らぬ一生に一遍の光景に、千代はこれからの行く末を賭《か》けたのであった。

また梟が鳴いた。四人が歩き出すと、虫の声がぴたっとやみ、その深い静寂の上に蒼《あお》い月が輝いた。そして再び虫たちの声が地の底からうねってきた。

道はさらにのぼり、田に敷かれた水がはるか足下で月光を弾《はじ》いている。川の音も遠くなり懐中電燈に照らされた部分と人家の灯《ひ》以外、何も見えなかった。

せせらぎの響きが左側からだんだん近づいてきて、それにそって道も左手に曲がっていた。その道を曲がりきり、月光が弾け散る川面を眼下に見た瞬間、四人は声もたてずその場に金縛りになった。まだ五百歩も歩いていなかった。何万何十万もの螢火が、川のふちで静かにうねっていた。そしてそれは、四人がそれぞれの心に描いていた華麗なおとぎ絵ではなかったのである。

②螢の大群は、滝壺《つぼ》の底に※寂寞《せきばく》と舞う微生物の屍《しかばね》のように、はかりしれない沈黙と死臭を孕《はら》んで光の※澱《おり》と化し、天空へ天空へと光彩をぼかしながら冷たい火の粉状になって舞いあがっていた。

四人はただ立ちつくしていた。長い間そうしていた。

やがて銀蔵が静かに呟《つぶや》いた。

「どんなもんじゃ、見事に当たったぞォ……」

「ほんとに、……凄《すご》いねェ」

千代も無意識にそう言った。そして、嘘ではなかったねェと言いながら、草の上に腰をおろした。夜露に濡れることなど眼中になかった。嘘ではなかった、千代は心からそう思った。この切ない、哀《かな》しいばかりに蒼く瞬いている光の塊りに魂を注いでいると、これまでのことがすべて嘘ではなかった、その時その時、何もかも嘘ではなかったと思いなされてくるのである。彼女は膝頭《ひざがしら》に自分の顔をのせて身を屈《かが》めた。全身が冷えきっていた。

「おったねェ……」

耳元に囁《ささや》きかけてくる英子の息が、竜夫の中に染み通ってきた。

（宮本輝『螢川』KADOKAWAより）

※重竜……………千代の夫。借金を残して少し前に病死した。
※喜三郎兄さん……千代の兄。大阪で飲食店を経営している。新しく店を出すことになっており、竜夫と一緒に大阪に引っ越し、店の手伝いをしてほしいと、先日千代を訪ねて来ていた。
※賄い婦…………下宿・寮などで食事を作る仕事をする人。
※あらかた………ほぼ全部。大部分。おおよそ。
※寂寞……………静かでひっそりとしているさま。
※澱………………液体の底に沈んだかす。

問一 ═線部㋐～㋔の漢字は平仮名に、カタカナは漢字に直しなさい。

問二 〰線部ⓐ・ⓑの意味として最も適切なものを、下のア～エの中からそれぞれ選び、記号で答えなさい。

ⓐ 思いあぐねていた
ア 勇気が出ずに尻込みしていた
イ 深く考えすぎて思考が止まった
ウ とりとめもなく思いを巡らしていた
エ 結論が出ず悩んでいた

ⓑ 体よく
ア 元気よく
イ うまく
ウ 適当に
エ 瞬時に

問三 【　】内の銀蔵の様子から、螢狩りに対する銀蔵のどのような思いが読み取れるか。三十字程度で書きなさい。

問四 ――線部①「立ちあがった千代の膝がかすかに震えた」とありますが、この時、なぜ「千代」の膝は震えていたのか。五十字程度で書きなさい。

問五 ――線部②「螢の大群は、滝壺《つぼ》の底に寂寞《せきばく》と舞う微生物の屍《しかばね》のように、はかりしれない沈黙と死臭を孕《はら》んで光の澱《おり》と化し、天空へ天空へと光彩をぼかしながら冷たい火の粉状になって舞いあがっていた」とありますが、竜夫たちが目の当たりにした螢の説明として適切なものを、次のア～オの中からすべて選び、記号で答えなさい。

ア 静かでその光には熱を感じないが、圧倒的な生命力を持っている。
イ 螢たちの光が冷たい水しぶきのように四方に飛び散っている。
ウ 様々な光を放つ螢たちがひとかたまりになって華麗に舞っている。
エ 激しい生命力の一群が嵐を巻き起こしそうな勢いで集まっている。
オ 死を前にした螢たちが、最後の力をふりしぼって集まってきている。

三　次の文章を読んで、後の問いに答えなさい。

（作問の都合上、原文の一部を変更しています。また、記述・抜き出しの問題では、記号や句読点も一字に数えて解答しなさい。）

昔、※延喜《えんぎ》の御門《みかど》の御時、※五条の天神のあたりに、大きなる柿の木の※実ならぬ《実のならない木が》あり。その木の上に仏現れてⓐおはします《現れていらっしゃる》。京中の人こぞりて参りけり《参拝した》。馬、車も立てあへず《止めるすきまもなく》、人もせきあへず《せき止められないほどで》、拝み①ののしりけり。

かくする程に《こうしているうちに》、五六日あるに、右大臣殿②心得ず思《おぼ》し給ひける間《お思いになったので》、「まことの仏の、世の末に出で給《たま》ふべきにあらず《この世の末の時代に現れなさるはずがない》。我、行きて試みん《調べてみよう》」と思して《お思いになって》、日《ひ》のⓑさうぞくうるはしくして《きちんと正装をして》※檳榔《びりやう》の車に乗りて、※御前《おんさき》多く具《ぐ》して《連れて》、集りつどひたる者ども退《の》けさせて、車かけはづして《車から牛をはずして》※榻《しち》を立てて、梢《こずゑ》を目もたたかず《またたきもせず》、あからめもせずして《わき目も振らずにじっと見つめて》まもりて、一時ばかりおはするに《一時間ほどそうしていらっしゃったが》、この仏、しばしこそ花も降らせ、光をも放ち給ひけれ、あまりにあまりにまもられて、しわびて《疲れ果てて》、大きなる※糞鳶《くそとび》の羽折れたる《糞鳶で羽根が折れたのが》、土に落ちて惑ひふためくを、童部《わらはべ》ども寄りて打ち殺してけり。大臣《おとど》は「③さればこそ」とて帰り給ひぬ《お帰りになった》。

さて、時の人《当時の人たちは》、この大臣をいみじく《たいそう》かしこき人にておはしますとぞ④ののしりける。

（『宇治拾遺物語』より）

※延喜の御門の御時……九〇一年～九二三年、醍醐天皇の治世。
※五条の天神…………京都市下京区天神前町に鎮座する神社。
※実ならぬ……………実のならぬ木には神が宿るとされた。
※檳榔の車……………漂白して細かく裂いた檳榔（ヤシ科の植物）の葉で屋根をふいた牛車。
※御前…………………先払い。貴人の外出の際、前方の通行人を追い払う人。
※榻……………………牛を車からはずした時、車の轅《ながえ》をのせる台。乗降時の踏み台にも使用した。
※糞鳶…………………鷹《たか》の一種。中型の鷹。

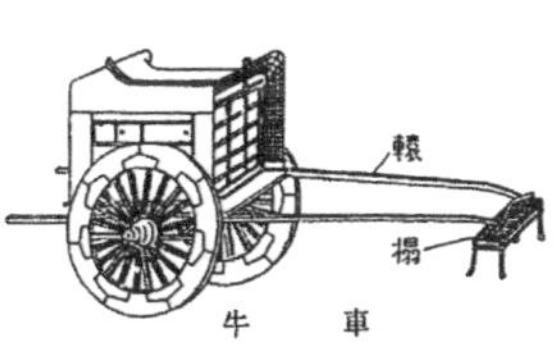

牛　車

問一　＝＝線部ⓐ・ⓑの読みを現代仮名遣いで答えなさい。

問二　――線部①④「ののしり」とありますが、本文の内容に合う意味として最も適切なものをそれぞれ次のア〜エの中から一つ選び、記号で答えなさい。

ア　非難する　　イ　大騒ぎする　　ウ　評判を立てる　　エ　見下す

問三　――線部②「心得ず」について後の問いに答えなさい。

（1）「心得ず」の意味として最も適切なものを、次のア〜エの中から一つ選び、記号で答えなさい。

ア　我慢せず　　イ　迷わず　　ウ　隠さず　　エ　理解ができず

（2）そう思った理由を表している箇所を、本文から二十五字以内で抜き出しなさい。

問四　――線部③「さればこそ」は「やはり思ったとおりだ」という意味である。思ったとおりどうだったのか、解答欄に合うように二十字以内で答えなさい。

令 和 6 年 度

# 宮崎第一高等学校入学者選抜学力検査問題

（1月24日　第2時限　9時55分～10時40分）

# 社　　会

## （文 理 科）

（注　　意）

1．「始め」の合図があるまで，このページ以外のところを見てはいけません。
2．問題用紙は，表紙を除いて14ページで，問題は5題です。
3．「始め」の合図があったら，まず解答用紙に出身中学校名，受験番号と氏名を記入し，次に問題用紙のページ数を調べて，抜けているページがあれば申し出てください。
4．答えは，必ず解答用紙に記入してください。
5．印刷がはっきりしなくて読めないときは，静かに手をあげてください。問題内容や答案作成上の質問は認めません。
6．「やめ」の合図があったら，すぐ筆記用具をおき，問題用紙と解答用紙を別にし，裏返しにして，机の上においてください。

**問題用紙は持ち帰ってかまいません。**

# 社　会　1

1　次の地図を見て，あとの設問に答えなさい。

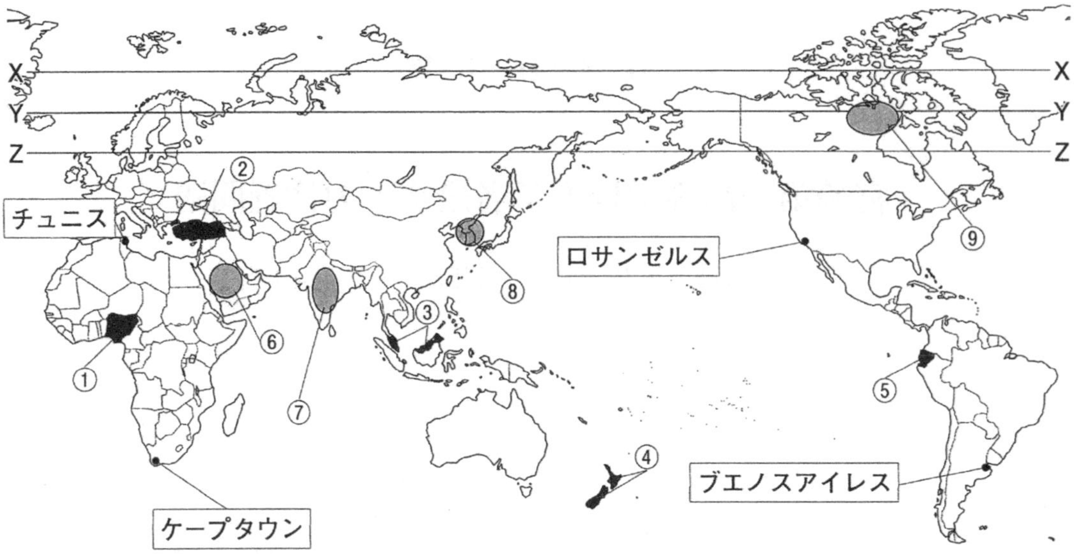


(1)　地図上の線分**X・Y・Z**より，北極圏の南限に最も近い線分及び北極圏で発生する一日中太陽が沈まない現象名の正しい組み合わせを①～⑥より一つ選んで答えなさい。

| | 北極圏の南限に近い線分 | 現象名 |
|---|---|---|
| ① | X | 白　夜 |
| ② | X | 極　夜 |
| ③ | Y | 白　夜 |
| ④ | Y | 極　夜 |
| ⑤ | Z | 白　夜 |
| ⑥ | Z | 極　夜 |

(2)　下の文章**ア～オ**は，地図上の①～⑤の国について説明をした文章である。文章**ア～オ**に該当する国名を答え，さらにその国の位置を地図上の①～⑤から選び，番号で答えなさい。

**ア**　この国は，国名の由来がスペイン語の「赤道」である。首都のキトは標高約2,850mにある常春の気候が広がる高山都市であることに加えて，バナナの世界的な輸出国としても知られる。

**イ**　この国は，OPEC（石油輸出国機構）へ加盟している世界有数の産油国であり，森林を燃やして生じる灰を利用した焼畑がさかんであり，キャッサバなどイモ類が生産されている。

**ウ**　この国は，２地域の文化圏が交わる場所にあり，中華料理やフランス料理に並ぶ美食の国として知られる。2023年の２月には大地震が発生し，多くの被害が生じた。

**エ**　この国は，「森の人」を意味するオランウータンや世界最大の花であるラフレシアなど多様な動植物に恵まれているが，油ヤシのプランテーション開発などに伴う森林破壊が問題となっている。

**オ**　この国は，先住民としてマオリ族が知られており，マオリ語はこの国の公用語となっている。環太平洋造山帯に属しており火山が分布するため，古くから地熱発電が行われている。

(3)　下の図は，地図中のチュニス・ケープタウン・ブエノスアイレスの雨温図である。雨温図**ア**～**ウ**に該当する都市の組み合わせとして適切なものを①～⑥より一つ選んで答えなさい。

**ア**

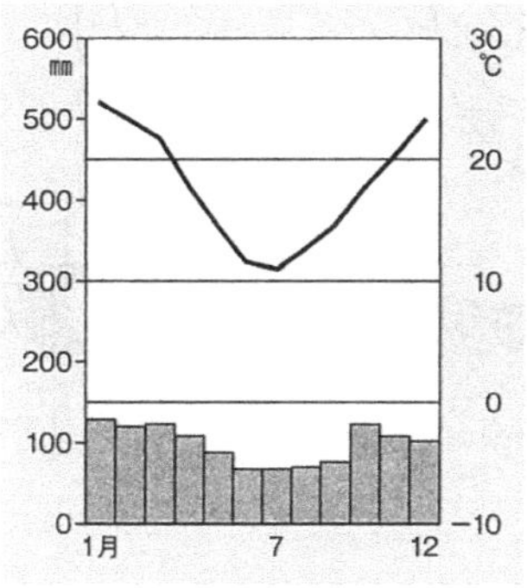


**イ**

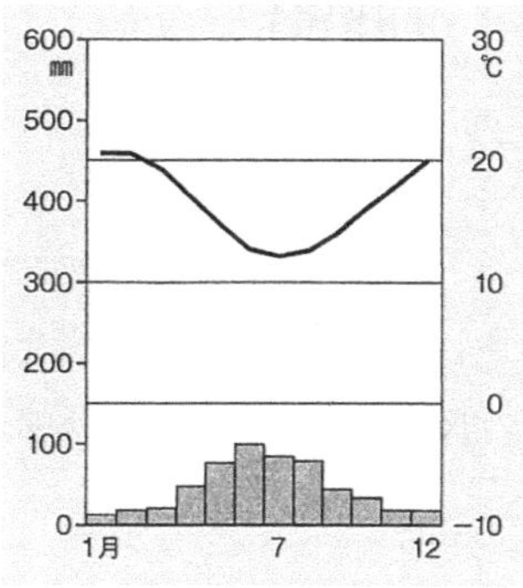


**ウ**

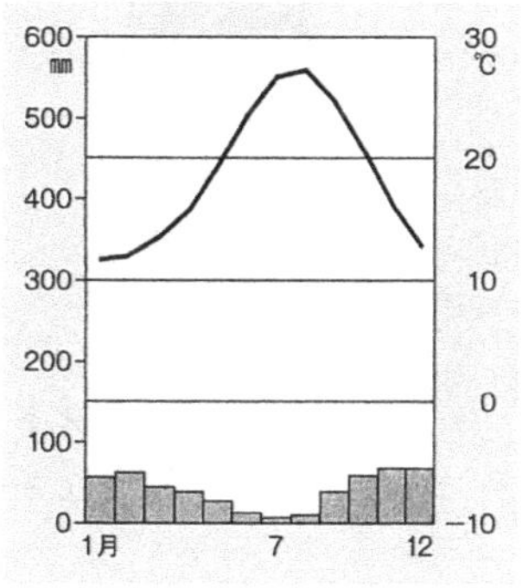


平成26年理科年表ほか

| | ① | ② | ③ | ④ | ⑤ | ⑥ |
|---|---|---|---|---|---|---|
| **ア** | チュニス | チュニス | ケープタウン | ケープタウン | ブエノスアイレス | ブエノスアイレス |
| **イ** | ケープタウン | ブエノスアイレス | チュニス | ブエノスアイレス | チュニス | ケープタウン |
| **ウ** | ブエノスアイレス | ケープタウン | ブエノスアイレス | チュニス | ケープタウン | チュニス |

(4)　ロサンゼルス（西経120°）を１月24日の午前８時に出発した航空機が10時間かけて日本の成田に到着した。日本の現地時間で成田に到着したのは何月何日の何時となるか答えなさい。

# 社　会　3

(5)　下のイラストは世界地図中⑥・⑦・⑧・⑨の地域に居住する人々の衣装を示したものである。これに関する設問に答えなさい。

ア

イ

ウ

エ

**【設問①】**　イラストの**ア**の衣装の人々が国民の大多数派となる地域を⑥～⑨より一つ選んで答えなさい。

**【設問②】**　イラストの**ア**の衣装の人々は共通する宗教を信仰している。その宗教について述べた文章として適切なものを①～④より一つ選んで答えなさい。

①　紀元前５世紀頃にシャカによって創始された宗教である。
②　ラテンアメリカや北アフリカなどで特に信者多い。
③　教典は旧約聖書であり，アラビア語で書かれている。
④　食生活に制限があり，豚肉を食べることが規制されている場合が多い。

**【設問③】**　イラストの**ウ**の衣装の人々が国民の大多数派となる地域を⑥～⑨より一つ選んで答えなさい。

**【設問④】**　イラストの**ウ**の衣装の人々に信者が多い宗教に最も関わる写真を①～④より一つ選んで答えなさい。

①

②

③

④

2　日本について述べた文章を参考に，あとの設問に答えなさい。

ユーラシア大陸の東部に位置する島国日本は，環太平洋造山帯に属す，火山活動や地殻変動がさかんな地域で国土面積の約65％は山であるため，平野に乏しい。山がちな地形の中を河川が流れるため，河川の侵食作用が活発であり，侵食された土砂が運搬・堆積することでⓐ様々な地形が形成されている。日本の気候については，北海道や東北地方の一部が冷帯湿潤気候，その他大部分は温暖湿潤気候が発達している。降水量は世界平均からすると全国的に多いが季節風や脊梁山脈の影響で，ⓑ地域により降水量や気温の差が大きく，地域的変化に富んでいる。

日本における農牧業は主業農家が少なく，規模の小さな農業経営を特徴としているが，各地で特色ある農業が展開されている。北海道では冷涼な気候のもと，乳牛を飼育して牛乳生産を行う産業である（　ア　）が発達しており，山梨県や和歌山県などでは，水はけのよい傾斜地を利用した果樹栽培が発達している。また，宮崎や高知県では温暖な気候を利用して野菜の出荷時期を早める（　イ　）栽培，長野県では冷涼な気候を利用して野菜の出荷時期を遅らせる（　ウ　）栽培が展開されている。

ⓒ日本の工業は，国内資源に乏しく，原材料を輸入に依存しており，それらを利用して生産された工業製品を輸出する（　エ　）貿易により工業が著しく発展した。太平洋ベルトとよばれる太平洋側の大都市近くの臨海部を中心に工業が発達していった。1970年代の石油危機（オイルショック）以降は，鉄鋼業や石油化学工業などの素材型工業が停滞し，代わって自動車などの組立工業やIC（集積回路）などのハイテク産業が発達した。日本の工業製品は高い技術力による高品質で世界に知られ，高い国際競争力を有している。

⑴　文中の（　ア　）～（　エ　）に入る適切な語句を答えなさい。

⑵　下線部ⓐについて，下の地形図（縮尺：25000分の1）についての設問に答えなさい。

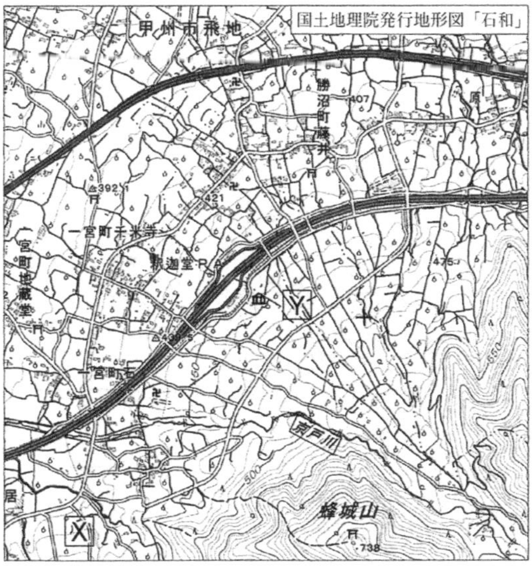


【設問①】　地形図には京戸川の堆積作用で形成された地形が見られる。この地形の名称を答えなさい。

【設問②】　地形図上では水はけの良い土地は広がっていることもあり，多くの土地が共通する土地利用がなされている。どのような土地利用がなされているか，答えなさい。

【設問③】　地形図上のXからYまで地形図上で約5cmある。実際の距離は約何mあるか答えなさい。

(3) 下線部ⓑについて，下の図は地図中の東京・金沢・潮岬に該当するものである。雨温図ア～ウに該当する都市の組み合わせとして適切なものを①～⑥より一つ選んで答えなさい。

ア

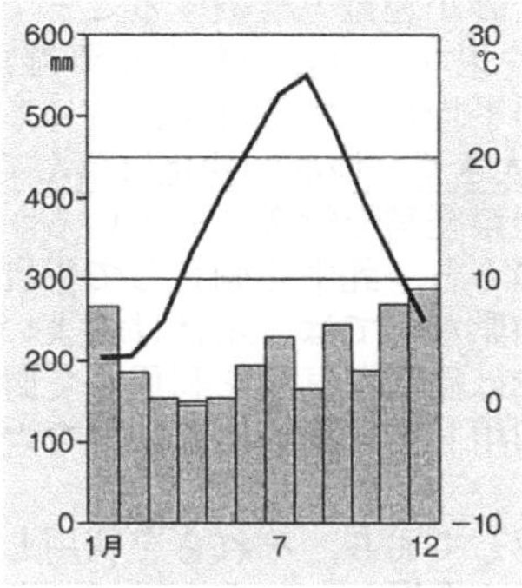


イ

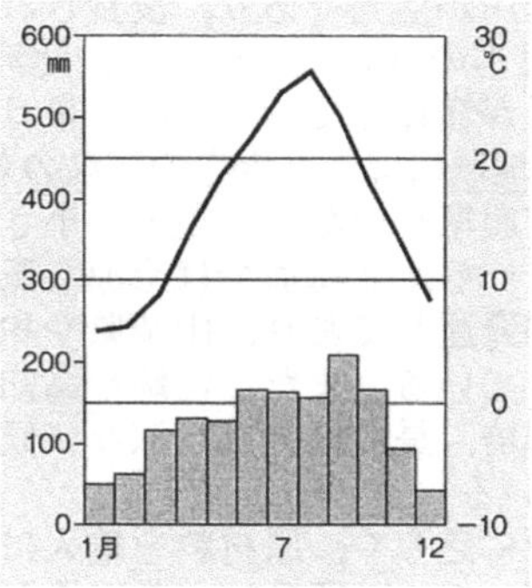


ウ

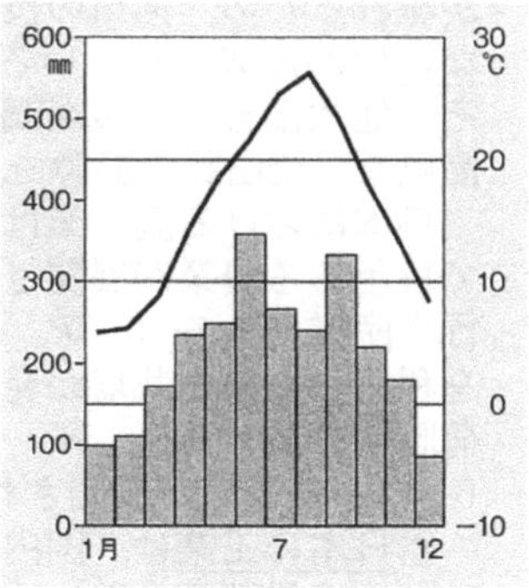


平成26年理科年表ほか

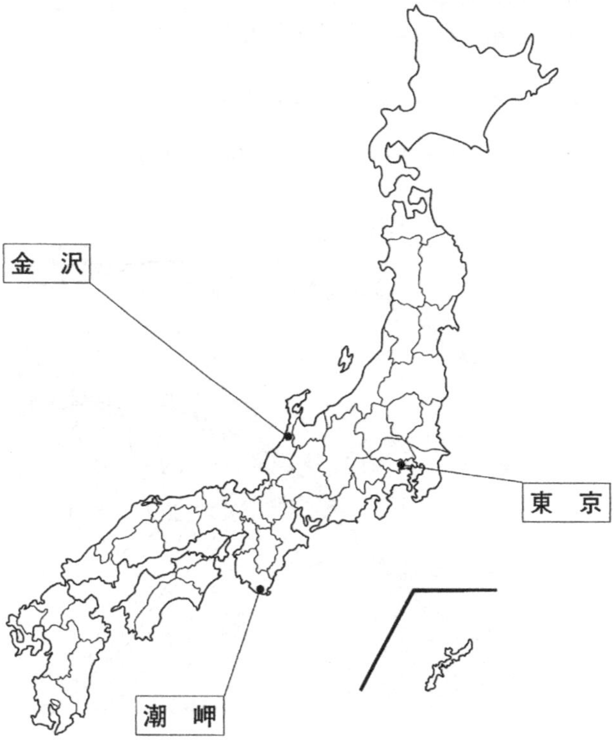


| | ① | ② | ③ | ④ | ⑤ | ⑥ |
|---|---|---|---|---|---|---|
| ア | 東 京 | 東 京 | 金 沢 | 金 沢 | 潮 岬 | 潮 岬 |
| イ | 金 沢 | 潮 岬 | 東 京 | 潮 岬 | 東 京 | 金 沢 |
| ウ | 潮 岬 | 金 沢 | 潮 岬 | 東 京 | 金 沢 | 東 京 |

(4) 下線部ⓒについて，下のグラフの**ア～ウ**は中京工業地域・瀬戸内工業地域・北九州工業地域の産業別出荷額の割合を示したものである。グラフの**ア～ウ**はそれぞれどの工業地域に該当するものか，適切な組み合わせを①～⑥より一つ選んで答えなさい。

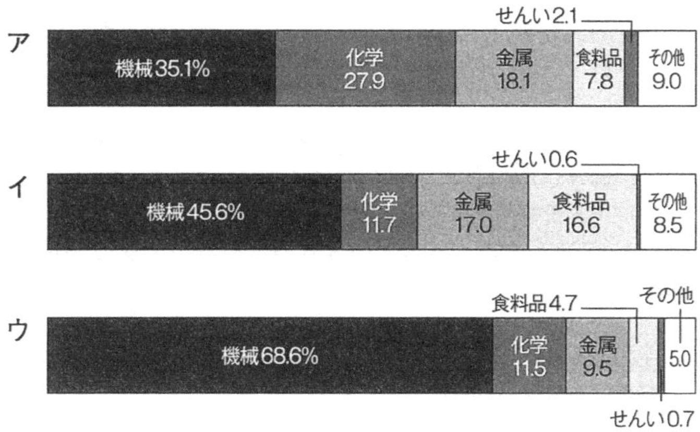


2020年 工業統計調査

| | ① | ② | ③ | ④ | ⑤ | ⑥ |
|---|---|---|---|---|---|---|
| ア | 中京工業地域 | 中京工業地域 | 瀬戸内工業地域 | 瀬戸内工業地域 | 北九州工業地域 | 北九州工業地域 |
| イ | 瀬戸内工業地域 | 北九州工業地域 | 中京工業地域 | 北九州工業地域 | 中京工業地域 | 瀬戸内工業地域 |
| ウ | 北九州工業地域 | 瀬戸内工業地域 | 北九州工業地域 | 中京工業地域 | 瀬戸内工業地域 | 中京工業地域 |

3　次のＡ～Ｉの文を読んで，あとの問いに答えなさい。

Ａ　執権の職に就いていた北条泰時は，ⓐ御成敗式目を定めました。

Ｂ　社会の安定と都市の繁栄を背景に，上方（京都や大阪を中心とする地域）を中心に，経済力をつけた新興の町人を担い手とする文化が栄えました。これを，当時の元号からⓑ元禄文化といいます。

Ｃ　秦の王が中国を統一する帝国を造り上げ，ⓒ初めての称号を名乗りました。秦は，長さ・容積・重さの基準や，文字，貨幣を統一しました。

Ｄ　ドイツやオーストリアをはじめとするヨーロッパ諸国からもいろいろ学ぶなどの準備期間を経て，ついにⓓ大日本帝国憲法が発布されました。

Ｅ　唐が新羅と手を結んで百済をほろぼすと，中大兄皇子らは，百済の復興を助けようと大軍を送りました。しかし，ⓔ唐と新羅の連合軍に大敗しました。

Ｆ　豊臣秀吉が（太閤）検地をおこなった結果，全国の土地が石高という統一的な基準で表されるようになりました。秀吉はまた，百姓や寺社から刀・弓・やり・鉄砲などの武器を取り上げる刀狩もおこないました。（太閤）検地や刀狩などの政策により，ⓕ武士と農民との身分の区別が明確になりました。

Ｇ　幕府を倒した後醍醐天皇は，「ⓖ建武の新政」とよばれることになる，新しい政治を始めました。

Ｈ　藤原氏が娘を天皇のきさきにし，その子を天皇に立てることで勢力をのばし，ほかの貴族たちを退けていきました。そして藤原氏はⓗ摂政や関白の職に就いて，政治の実権をにぎるようになりました。

Ｉ　ⓘ律令国家の新しい都として，奈良盆地の北部に，唐の都の長安にならった平城京が造られました。

⑴ 下線部ⓐに関して，下の空欄［X］に入る語を**漢字２字**で答えなさい。

**御成敗式目（部分要約）**

一 諸国の［X］の職務は，頼朝公の時代に定められたように，京都の御所の警備と，謀反や殺人などの犯罪人の取り締まりに限る。

一 武士が20年の間，実際に土地を支配しているならば，その権利を認める。

⑵ 下線部ⓑに関してこの文化を代表する人物で，武士や町人の生活を基に『日本永代蔵』などの浮世草子（小説）を書いたのは誰か。氏名を**漢字**で答えなさい。

⑶ 下線部ⓒに関して，これ以降の中国歴代王朝の君主のことを指すようにもなる，この称号を何というか。**漢字２字**で答えなさい。

⑷ 下線部ⓓに関して，憲法制定に向けて準備が進められるなか，伊藤博文を中心にある制度が導入された。大日本帝国憲法が発布される４年前に，日本で開始されたこの制度を何というか。解答欄に当てはまる形で答えなさい。

⑸ 下線部ⓔに関して，日本が唐と新羅の連合軍に大敗したこの戦いを何というか。答えなさい。

⑹ 下線部ⓕに関して，これを何というか。**漢字４字**で答えなさい。

⑺ 下線部ⓖに関して，下の「二条河原落書」の部分要約を読んで，当時の人々がそれ以前の時代と比べて後醍醐天皇の政治をどのように受け取っていたのか，文章で説明しなさい。

**「二条河原落書」（部分要約）**

このごろ都ではやっているものは，夜襲，強盗，天皇のにせの命令。
囚人，急ぎの使いを乗せた早馬，たいしたこともないのに起こる騒動。
生首が転がり，僧が俗人にもどり，俗人が勝手に僧になり，急に低い身分から大名になる者がいるかと思えば，・・・（以下略）

⑻ 下線部ⓗに関して，摂政とはどのような役割を果たす役職（地位）か。文章で説明しなさい。

⑼ 下線部ⓘに関して，律令のうちの律とはどのようなものか。簡潔に答えなさい。

⑽ Ａ～Ｉを古い方から順に並び替えなさい。

4　次の文は宮崎第一高校を舞台にした，生徒たちと教員との会話文である。この会話文を読んで，あとの問いに答えなさい。

**一男**：先生，そろそろ新しいⓐ紙幣が発行されて世の中に出回りますね。
**先生**：そうですね。1万円札，5千円札，千円札がそれぞれ誰の肖像画になるのか，みんなは分かっているのかな。
**一子**：最近のⓑニュースでもよく出てくるので，分かっていますよ。1万円札は渋沢栄一，5千円札は津田梅子，千円札は（　1　）ですよね。
**先生**：正解です。
**一男**：僕が生まれてから使ったことがあるのは1万円札がⓒ福沢諭吉，5千円札が（　2　），千円札が野口英世なので，そちらのほうになじみがあって，新紙幣にはなかなか慣れないかもしれません。
**先生**：確かにそうだね。先生もそうだと思います。ところで，新旧5千円札と千円札の肖像画の人物にはそれぞれ共通点があることには気づいているかな。
**一子**：5千円札は二人ともⓓ女性だから分かりやすいけど，千円札の方はよく分かりませんね。
**一男**：二人とも，ⓔ医学の中でも細菌学の分野で大きな功績をあげた人では。
**先生**：その通り。よく知っていたね。
**一子**：私のお父さんとお母さんは，1万円札が聖徳太子で5千円札がⓕ新渡戸稲造，千円札が初代ⓖ内閣総理大臣だったことも覚えているといっていました。
**先生**：そうそう，あと昔は五百円も硬貨ではなく紙幣で，肖像画は（　3　）だったんですよね。（　3　）は明治時代初期に使節団の団長として，欧米諸国を歴訪したことで知られます。
**一男**：そうなんですね。慣れるのに時間がかかるとしても，新紙幣を手にして使ってみることはやはり楽しみですね。今からワクワクしています。
**一子**：私もです。

(1)　空欄（　1　）に当てはまる人物名を，次の①～④のうちから一つ選び，番号で答えなさい。

①　北里柴三郎　　②　黒田清輝　　③　野口遵　　④　横山大観

(2)　空欄（　2　）に当てはまる女性の氏名を**漢字**で答えなさい。

(3)　空欄（　3　）に当てはまる人物の氏名を**漢字**で答えなさい。

(4)　下線部ⓐに関連して，紙幣だけでなく硬貨などを含めた通貨（お金）に関して述べた文章として，内容が**誤っているもの**を，次の①～④のうちから一つ選び，番号で答えなさい。

①　平城京に設けられた市では，各地から送られてきた産物などが売買されました。また，この時代には唐にならって，和同開珎などの貨幣も発行されました。
②　室町時代の商業では，定期市が各地に生まれ，開かれる日数も増えました。その取り引きには中国の宋や明から輸入された銭が使用されることが多くなりました。
③　8代将軍徳川吉宗は江戸幕府の財政を立て直すために商人に株仲間を作ることをすすめ，特権を与えるかわりに，営業税を納めさせました。
④　世界恐慌に対処するため，イギリスやフランスなどの国々は，関係の深い国や地域を囲い込んで，その中だけで経済を成り立たせる仕組みであるブロック経済を成立させました。

(5) 下線部ⓑに関連して昨年（2023年）に，弥生時代の環濠集落である吉野ヶ里遺跡での発掘がニュースで報じられた。吉野ヶ里遺跡の所在地を下の地図中の①～④のうちから一つ選び，番号で答えなさい。

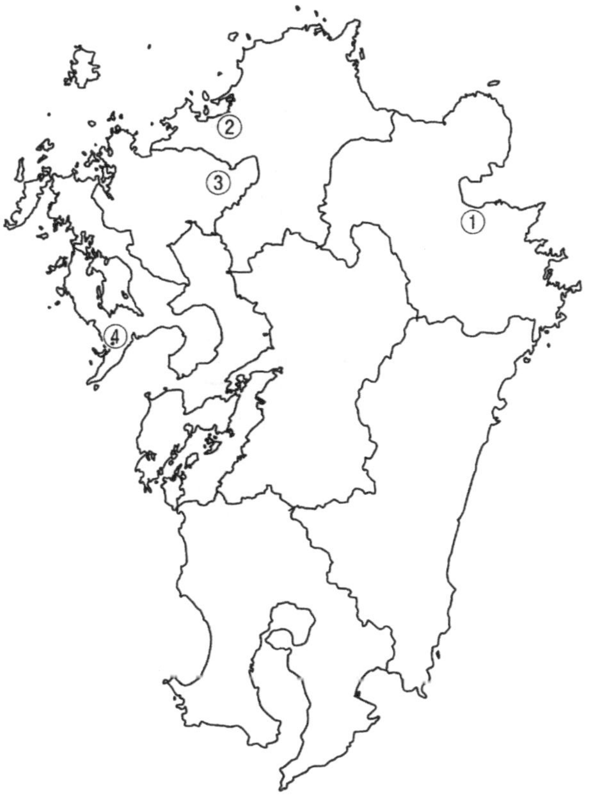


(6) 下線部ⓒに関連して，「学問のすゝめ」を著すなどした福沢諭吉と同じように，当時の青年たちや社会に大きな影響を与えた思想家は他にもいる。このうち土佐藩出身でフランスに留学し，フランスの思想家ルソーの社会契約論を日本にも伝えたのは誰か。その氏名を**漢字**で答えなさい。

⑺　下線部ⓓに関連して，摂関政治のころに最も栄えた国風文化においては，女性によって優れた文学作品が生み出された。このうち「源氏物語」を著した女性の名前を**漢字**で答えなさい。

⑻　下線部ⓔに関連して，江戸時代に前野良沢や杉田玄白などが「解体新書」を出版し，医学の発展に大きく貢献した。「解体新書」が医学の発展に大きく貢献した理由を，下の「解体新書」の一部分を参照し，**ヨーロッパ**，**解剖**，という２つの語句を必ず用いて文章で説明しなさい。

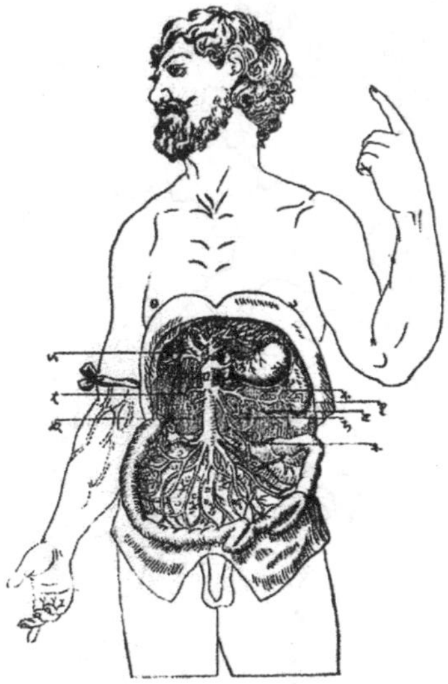

⑼　下線部ⓕに関連して，彼はある世界的な組織の設立時，事務次長に選ばれた。1920年に，世界平和と各国の協調を目的として設立されたこの組織の名称を，**漢字**で答えなさい。

⑽　下線部ⓖに関連して，1951年に内閣総理大臣として，第二次世界大戦の戦勝国アメリカなど48カ国との間のサンフランシスコ平和条約に調印した人物は誰か。正しいものを次の①～④のうちから一つ選び，番号で答えなさい。

①　新井白石　　②　松平定信　　③　水野忠邦　　④　吉田茂

5　次のサクラさんとハルカさんの会話を読み，下の各問いに答えなさい。

サクラ：①いつコロナ収束するのかなぁ。５類になったけど，まだ身近にかかっている人いるよね。
ハルカ：そうね。そういえば，この前，病院に行った時，マイナンバーカード使えたよ。
サクラ：えっ。マイナンバーカードってⓐプライバシー大丈夫なの？
ハルカ：パスワードがかかっているから中は見られないから大丈夫。
通院歴や銀行の口座番号などはカードの中には入ってないし，振込先の口座番号を教えるよりも安心だね。
サクラ：そうなんだ。マイナンバーカードの保険証，約40万人分の情報が②住民票と結びつかないってニュースがあったから，ちょっと不安だったんだよね。
ハルカ：それはミスではなくて，本人確認ができないからだと思うよ。紙の保険証は本名でなくてもいいし，顔写真なしだから簡単に偽造できちゃうからね。
サクラ：スパイアニメみたい。もし，それが本当ならちゃんと③日本国憲法の義務を果たさず，保険だけ受けてる人がいるってことだよね。保険料があがっちゃう。でも④多様性の社会を考えたら本名以外でカードがつくれないのはどうなのかな。まぁこうやってⓑ何でも自由に発言できるっていいね。国によっては拘束されちゃう。
ハルカ：そういえば，サクラさんの実家のお蕎麦屋さん，ⓒ東京にお店出すんだよね？家を手伝わなくてもいいの？
サクラ：ⓓどの職業に就くかは私の自由だもん。⑤原子力発電所の処理水の海洋放出による風評被害も怖いし。

(1)　上の文中の下線部ⓐ〜ⓓのうち，精神の自由に関することを一つ選び，記号で答えなさい。

(2)　下線部①の通り，2023年の５月に新型コロナウィルス感染症が「５類感染症」に移行しました。日本国憲法における経済活動の自由との関わりについての記述として**誤っているもの**を，次の**ア**〜**エ**の中から一つ選び，記号で答えなさい。

**ア**　日本国憲法には，感染症の場合には，地方自治体は強制的に飲食店の営業を停止してもよいと書かれている。
**イ**　日本国憲法には，経済活動の自由に対して公共の福祉による制限があるということが書かれている。
**ウ**　日本国憲法には，財産権の内容は公共の福祉に適合するように法律で定めるという規定がある。
**エ**　日本国憲法には，私有財産の収用には正当な補償が必要だという規定がある。

(3)　下線部②に関連して，地方自治体の直接請求についてまとめてみました。次の表の（　Ⅰ　）〜（　Ⅲ　）にあてはまる語句や数字をそれぞれ答えなさい。

| 請求の種類 | 必要署名数 | 請求先 |
|---|---|---|
| 条例の制定・改廃 | 有権者の（　Ⅰ　）以上 | （　Ⅱ　） |
| 監査請求 | | 監査委員 |
| 議会の解散請求 | 原則として<br>有権者の３分の１以上 | （　Ⅲ　） |
| 長・議員の解職請求 | | |
| 主要公務員の解職請求 | | （　Ⅱ　） |

(4)　下線部②に関連して，1999年から2010年にかけて平成の大合併（市町村合併）が推進されました。市町村が合併することの長所を一つ答えなさい。

(5)　下線部②に関連して，地方自治体の首長と議会の関係についての記述として**誤っているもの**を，次のア～エの中から一つ選び，記号で答えなさい。

**ア**　首長は，議会が議決した条例や予算を拒否して審議のやり直しを求めることができる。
**イ**　首長は，議会を解散することができる。
**ウ**　首長は，議会の中から常に選ばれる。
**エ**　議会は，首長の不信任の議決を行うことができる。

(6)　下線部③に関連して，日本国憲法が定める国民の義務を三つとも書きなさい。

(7)　下線部③に関連して，天皇の国事行為にあてはまるものはどれですか。次の**ア**～**エ**の中から一つ選びなさい。

**ア**　内閣総理大臣の指名
**イ**　最高裁判所長官の指名
**ウ**　条約の締結
**エ**　衆議院の解散

(8)　下線部④に関連して，多様性の社会をつくっていくためには，どのような取り組みが考えられますか。次の語句を二つとも使って具体的に書きなさい。

【　ダイバーシティ　・　インクルージョン　】

(9)　下線部④に関連して，次の資料は2023年５月に衆議院の法制局が国会議員に出した「Ｇ７各国の性的指向・性自認に基づく差別禁止の法制度比較について」の資料の一部である。次の**ア**～**エ**の中から，**誤っているもの**を一つ選び，記号で答えなさい。

| 国名 | 憲法 | | 法律<br>（主な法律の例） | 差別禁止事由として「性的指向」・「性自認」の明文化 | | カバーしている分野の例 |
|---|---|---|---|---|---|---|
| | | | | 性的指向 | 性自認 | |
| 米国 | アメリカ合衆国憲法修正14条<br>「…いかなる州も法の適正な過程によらずに，何人からも生命，自由または財産を奪ってはならない。また，その管轄内にある何人に対しても法の平等な保護を拒んではならない。」 | | 1964年公民権法 | | | 雇用<br>教育<br>公共施設<br>選挙　等 |
| 英国 | （成文憲法なし） | | 2010年平等法 | ○ | | 雇用<br>教育　等 |
| ドイツ | EU基本権憲章21条１項<br>「性別、人種、皮膚の色、民族的又は社会的出身、遺伝的特徴、言語、宗教又は信条、政治的又はその他の意見、国内における少数派集団に属すること、財産、出生、障がい、年齢若しくは性的指向に基づくいかなる差別も禁止される。」 | ドイツ連邦共和国基本法３条３項<br>「何人も、その性別、血統、人種、言語、出身地および門地、信仰または宗教的もしくは政治的意見のために、差別され、または優遇されてはならない。何人も、障害を理由として差別されてはならない。」 | 2006年８月14日の平等待遇原則の実現のための欧州指令を実施するための法律 | | | 雇用<br>教育<br>社会保障<br>物品・サービスの提供等 |
| フランス | | フランス共和国憲法１条１項<br>「…フランスは、出生、人種または宗教の差別なく、すべての市民に対し法律の前の平等を保障する。」 | 差別との闘いの領域における共同体法の適用にかかる諸条項に関する2008年５月27日の法律2008-496号 | ○ | | 雇用　等 |
| イタリア | | イタリア共和国憲法３条１項<br>「すべての市民は、対等な社会的尊厳を有し、性別、人種、言語、宗教、政治的意見、身体的および社会的条件による区別なく、法律の前に平等である。」 | 2003年７月９日委任立法216号 | ○ | | 私的・公的両部門（例外として、特定の分野・場面を除いている。） |
| カナダ | カナダ憲法15条１項<br>「すべての個人は、法の前及び法のもとに平等であり、法の平等な保護及び法の平等な恩恵を受ける権利を有し、とりわけ、人種、出身国ないし民族的な出自、肌の色、宗教、性別、年齢もしくは精神的ないし身体的障害に基づくような差別を受けない。」 | | カナダ人権法 | ○ | ○ | 雇用<br>物品・サービスの提供<br>宿泊施設　等 |
| 日本 | 日本国憲法14条１項<br>「すべて国民は、法の下に平等であつて、人種、信条、性別、社会的身分又は門地により、政治的、経済的又は社会的関係において、差別されない。」 | | 雇用（男女雇用機会均等法６条）<br>教育（教育基本法４条１項）<br>公共施設（地方自治法244条３項） | | | |

ア　Ｇ７の国は，いずれの国にも憲法で差別禁止・平等原則に係る規定が存在する（成文憲法典のない英国を除く）。
イ　Ｇ７の国は，いずれの国にも「性的指向」・「性自認」に特化して差別禁止を定める法律はない。
ウ　Ｇ７の国の中で，法律で差別禁止事由として「性的指向」が明文化されていないのは日本だけである。
エ　Ｇ７の国の中で，法律で差別禁止事由として「性自認」が明文化されているのはカナダだけである。

⑽　下線部⑤に関して，福島第一原発の事故で発生した放射性物質を含む汚染水は，多核種除去設備（ALPS）などを使って大部分の放射性物質が除去され，タンクに貯蔵されています。ただし，「トリチウム」と呼ばれる放射性物質については取り除くことができません。トリチウム以外の放射性物質を規制基準以下まで取り除いたものを「ALPS処理水」と呼びますが，トリチウムは国内外の原子力施設でも，国や地域ごとの法令を遵守したうえで，液体廃棄物として海洋や河川などに放出されています。次のグラフから，日本のALPS処理水と韓国の古里原発，中国の紅沿河原発を，トリチウムの年間処分量の多い順に並べるとどうなりますか。下の**ア**～**カ**の中から１つ選びなさい。

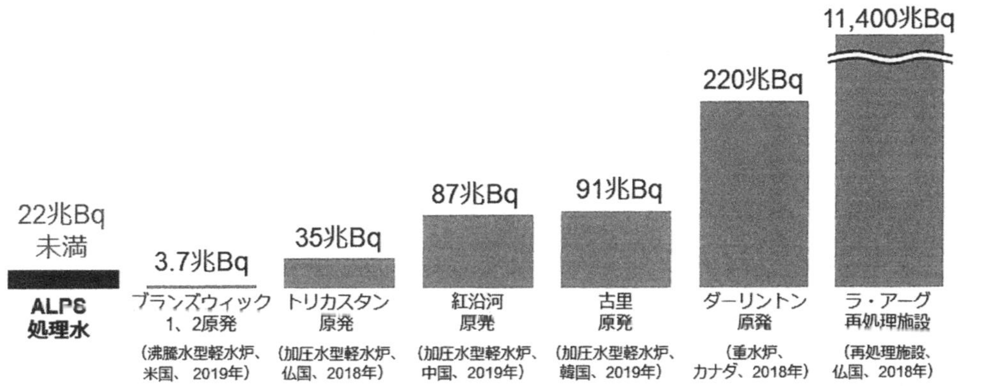


**ALPS処理水と世界の原子力施設におけるトリチウム（液体）の年間処分量**

（出典）経済産業省HP「ALPS処理水の処分」（https://www.meti.go.jp/earthquake/nuclear/hairo_osensui/alps.html）に基づき作成

ア　ＡＬＰＳ処理水　＞　古里原発　＞　紅沿河原発
イ　ＡＬＰＳ処理水　＞　紅沿河原発　＞　古里原発
ウ　古里原発　＞　ＡＬＰＳ処理水　＞　紅沿河原発
エ　古里原発　＞　紅沿河原発　＞　ＡＬＰＳ処理水
オ　紅沿河原発　＞　ＡＬＰＳ処理水　＞　古里原発
カ　紅沿河原発　＞　古里原発　＞　ＡＬＰＳ処理水

令 和 6 年 度

# 宮崎第一高等学校入学者選抜学力検査問題

（1月24日　第3時限　10時50分～11時35分）

# 数　　　学

## （文 理 科）

（注　　　意）

1．「始め」の合図があるまで，このページ以外のところを見てはいけません。
2．問題用紙は，表紙を除いて5ページで，問題は5題です。
3．「始め」の合図があったら，まず解答用紙に出身中学校名，受験番号と氏名を記入し，次に問題用紙のページ数を調べて，抜けているページがあれば申し出てください。
4．答えは，必ず解答用紙に記入してください。
5．印刷がはっきりしなくて読めないときは，静かに手をあげてください。問題内容や答案作成上の質問は認めません。
6．「やめ」の合図があったら，すぐに筆記用具をおき，問題用紙と解答用紙を別にし，裏返しにして，机の上においてください。

**問題用紙は持ち帰ってかまいません。**

# 数 学 1

1 次の各問いに答えなさい。

(1) $\left(\frac{1}{2}\right)^2-\left(-\frac{1}{3}\right)+\left(-\frac{1}{4}\right)$ を計算しなさい。

(2) $\sqrt{40}\times\sqrt{50}$ を計算しなさい。

(3) $(x+4)^2-(x+2)(x+8)$ を展開しなさい。

(4) $3x^2-27y^2$ を因数分解しなさい。

(5) 2次方程式 $3x^2-9x+5=0$ を解きなさい。

2　次の各問いに答えなさい。

(1)　右のヒストグラムは，あるクラスの数学のテストの得点をまとめたものである。

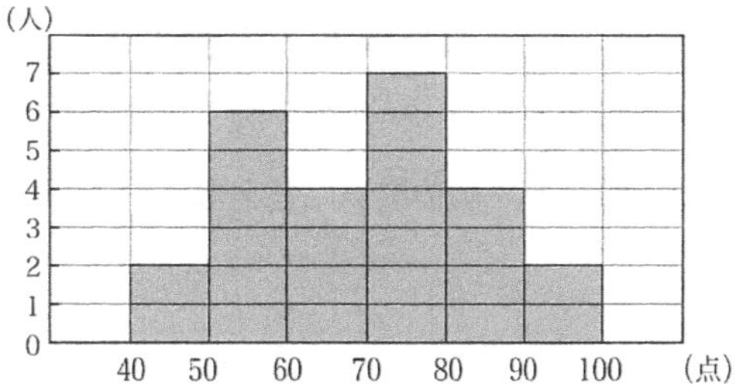


①　中央値が含まれる階級を答えなさい。

②　60 点以上 70 点未満の階級の相対度数を求めなさい。

(2)　$\sqrt{11}$ の小数部分を $a$ とするとき，$a(a+6)$ の値を求めなさい。

(3)　大小２つのさいころを同時に１回投げるとき，出た目の数の和が９以上になる確率を求めなさい。

(4)　ある本を，Ａさんは定価の15％引きで，Ｂさんは定価の300円引きで買ったところ，ＡさんはＢさんより180円安く買うことができた。この本の定価を求めなさい。

# 数　学　3

3　右の図のように，放物線 $y=\frac{1}{2}x^2$ と，2点（−4，0），（0，4）を通る直線 $\ell$ がある。原点をOとする。

また，放物線と直線 $\ell$ の交点のうち，$x$ 座標が正であるものを点P，$x$ 座標が負であるものを点Qとする。このとき，次の問いに答えなさい。

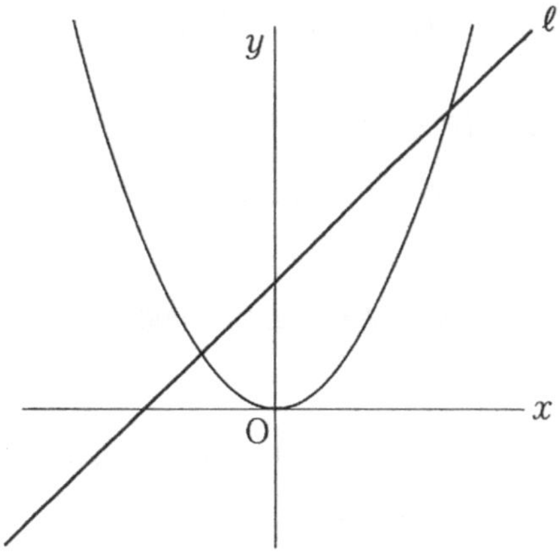


(1)　直線 $\ell$ の式を求めなさい。

(2)　点P の座標を求めなさい。

(3)　△OPQ の面積を求めなさい。

(4)　放物線上に △OPQ＝△PQR となるように，原点Oと異なる点Rを，直線 $\ell$ より下側にとる。点Rの座標を求めなさい。

4　以下の文章は，数学の授業の１コマである。（　①　）～（　⑦　）に適する数を解答欄に記入しなさい。

晴夫先生：「今日は，皆さんの机の上に４枚のカードを配っておきました。カードの裏にはそれぞれ　1，2，3　ともう１つの数が書いてあります。カードを並べ替えて４桁の整数を作ると何通りできるかをみんなで考えてみましょう。まず，３枚で３桁の整数は何通りできるかを考えてみましょうか。カードの　1，2，3　を使って考えてみましょう。」

みき　　：「できました。順番に書いてみたらすぐ分かりました。」

晴夫先生：「ほかの人もできましたか。まわりの人と答えを確認してください。」

くる美　：「先生，私のカード　2　がなくて，1，1，3　ですけど…」

晴夫先生：「ちょっといたずらしてみました。他にも　1，1，3　の人がいますね。1，1，3　の人たちは，その場合の数を求めてください。」

晴夫先生：「３桁の整数は，1，2，3　の皆さんは（　①　）通り，1，1，3　の皆さんは（　②　）通りになっていますね。それでは４桁の整数に進みましょう。

123　でも　113　でも，自分の好きな並べ方で構いません。３枚並べたら，その順番は変えないようにして，残りの１枚のカードを加えて４桁の整数は何通りできるか考えてください。」

晴夫先生：「まわりの人と答え合わせしてみてください。３枚の並べ方に関係なく並べ方は同じになっていますね。異なる３桁の整数の数を考えれば，４桁の整数が何通りできるか分かりますね。この考え方を利用すると，４桁の整数は，1，2，3，4　の皆さんは（　③　）通り，1，1，3，4　の皆さんは（　④　）通りできますね。」

みく梨　：「先生，わたしの４枚目は０だったんです。今分かったんですけど，４枚目が０だと，４桁の整数にならない場合がありますよね。」

晴夫先生：「みく梨さん，よく気付きましたね。4123　は４桁だけど，0123　と並ぶ場合は４桁の整数ではないですね。では，皆さんも，0，1，2，3　の場合と　0，1，1，3　の場合は４桁の整数はそれぞれ何通りできるか考えてください。」

みく梨　：「０が先頭にこなければよいので，0，1，2，3　の場合，４桁の整数は（　⑤　）通りできました。」

くる美　：「0，1，1，3　の場合，４桁の整数は（　⑥　）通りできました。」

晴夫先生：「２人とも正解です。皆さんもよくできましたね。今日は，皆さん理解がよくて時間が余りました。せっかく考え方が分かったので，ちょっと応用して　0，1，1，2，3　の５つの数字を使って５桁の整数が何通りできるか考えてください。明日までの宿題としましょうか。」

【晴夫先生からの宿題】

0，1，1，2，3　の場合，５桁の整数は（　⑦　）通りできる。

# 数　学　5

5　右図のような直方体 ABCD－EFGH があり，$AB=\sqrt{3}$ cm，$AD=\sqrt{2}$ cm，AE＝1cmである。辺 AD 上に AP：PD＝1：2となるような点 P をとり，線分 AG と線分 FP の交点を Q とする。このとき，点 Q は四角形 ADGF 上の点である。次の問いに答えなさい。

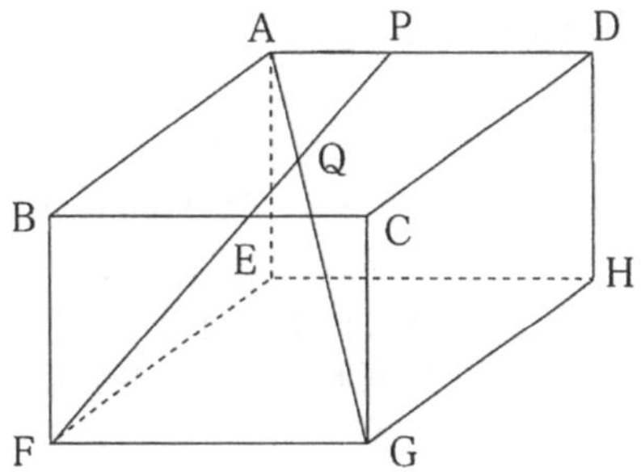


ただし，必要があれば，

$AC=\sqrt{5}$ cm，AF＝2cm，$AG=\sqrt{6}$ cm

であることを用いてもよい。

(1)　線分 AP の長さを求めなさい。

(2)　２つの線分 AQ と QG の比 AQ：QG を求めなさい。

(3)　点 Q を通って線分 AP および辺 FG に垂直に交わる直線と，線分 AP および辺 FG との交点をそれぞれ I，J とする。線分 IJ の長さを求めなさい。

(4)　△APQ の面積を求めなさい。

(5)　三角錐 ABPQ の体積を求めなさい。



K 教英出版

2024(R6) 宮崎第一高（文理）
K 教英出版

# 令和６年度

# 宮崎第一高等学校入学者選抜学力検査問題

（１月24日　第４時限　12時15分～13時00分）

# 理　　　科

# （文理科）

（注　　　意）

１．「始め」の合図があるまで，このページ以外のところを見てはいけません。
２．問題用紙は，表紙を除いて８ページで，問題は４題です。
３．「始め」の合図があったら，まず解答用紙に出身中学校名，受験番号と氏名を記入し，次に問題用紙のページ数を調べて，抜けているページがあれば申し出てください。
４．答えは，必ず解答用紙に記入してください。
５．印刷がはっきりしなくて読めないときは，静かに手をあげてください。問題内容や答案作成上の質問は認めません。
６．「やめ」の合図があったら，すぐ筆記用具をおき，問題用紙と解答用紙を別にし，裏返しにして，机の上においてください。

**問題用紙は持ち帰ってもかまいません。**

# 理　科　1

**1**　大輔と紗世は，マツバボタンの花の色の遺伝について調べるため，次の実験１，２を行った。これについて，あとの問いに答えなさい。ただし，マツバボタンの花の色を赤にする遺伝子をＡ，白にする遺伝子をａとする。この場合，遺伝子の組み合わせはＡＡ，Ａａ，aaの3種類となる。また，マツバボタンの体細胞の核の中の染色体数は18本である。

**実験１**　①赤い花をつける純系のマツバボタンと②白い花をつける純系のマツバボタンを親としてかけ合わせた。このとき，種子をまいて育った子の代の株は，すべて③赤い花をつける株であった。次に，子の代の赤い花をつける株を自家受粉させた。このときできた種子をまいて育った孫の代の株には，④赤い花をつける株と⑤白い花をつける株があった。

**実験２**　**実験１**の孫の代の赤い花をつける株の中から２株を選んで，株Ｘと株Ｙとした。株Ｘと株Ｙの赤い花をそれぞれ白い花をつける株とかけ合わせた。このときできた種子をまいて育った「赤い花をつける株」と「白い花をつける株」の数は，株Ｘと白い花のかけ合わせの場合は「赤い花：白い花＝25株：25株」，株Ｙと白い花のかけ合わせの場合は「赤い花：白い花＝50株：0株」であった。

この結果をもとに大輔と紗世が下記のような会話をした。

**大輔**：実験の結果分析の前に，マツバボタンの分類について考えてみよう。植物の分類では，種子をつくるから種子植物だね。

**紗世**：そうよ。種子植物のうち，胚珠が子房の中にあるので（　a　）植物で，さらに子葉が２枚で，根は主根や側根があるので（　b　）子葉類だね。

**大輔**：花のつくりは，ツツジのように花弁がくっついていないから（　c　）弁花だね。

**紗世**：生殖細胞をつくるときの特別な細胞分裂を（　d　）というけど，マツバボタンの胚珠の中の卵細胞の染色体数は（　e　）本だね。卵細胞が精細胞と受精をすると受精卵は（　f　）本になるね。

**大輔**：そうだね。じゃ，次に**実験１，２**の分析をしてみよう。

**紗世**：**実験１**の①の遺伝子の組み合わせは（　g　）で，③の遺伝子の組み合わせは（　h　）だね。

**大輔**：**実験２**では，結果をもとに考えると株Ｘの遺伝子の組み合わせは（　i　）であり，株Ｙの遺伝子の組み合わせは（　j　）であることがわかるね。**実験１**の孫の代の④赤い花をつける株のなかでは，株Ｘと同じ遺伝子の組み合わせをもつ株の数は，株Ｙと同じ遺伝子の組み合わせをもつ株の数のおよそ（　k　）倍となるね。

**紗世**：結果分析を通して，遺伝について理解が深まったわ。

(1) 左記の二人の会話文の空欄に適語を答えなさい。ただし，(g)から(j)はＡＡ，Ａａ，ａａのいずれかで答えなさい。

(2) **実験１**の孫の代の④赤い花をつける株と⑤白い花をつける株をすべて自家受粉させ，このときできた種子をすべてまいて株を育てた。１つの株からできる種子の数はすべて同じだとすると，育てた株の(i)**ＡＡ：Ａａ：ａａ**の比，並びに(ii)**赤い花：白い花**の比を答えなさい。

(3) **実験１**の①と②のような交配の場合，一般的につぼみの時期におしべを取り除く。その理由を簡潔に答えなさい。

# 理　科　3

2　次の【Ⅰ】・【Ⅱ】の問いに答えなさい。

【Ⅰ】 次の(1)～(5)の問いに，それぞれ適切な語句または数値で答えよ。

(1) リチウムイオン電池のように，外部から逆向きの電流を流すと低下した電圧が回復してくり返し使うことができる電池のことを何電池というか。**漢字二文字**で答えよ。

(2) 反応前後の化学エネルギーの大きさを比べたとき，反応前の方が反応後よりもエネルギーが大きい場合，そのような反応を何反応というか。**漢字二文字**で答えよ。

(3) 原油は沸点のちがいを利用して，石油ガスや灯油，重油など，いくつかの種類に分離することができる。このような分離方法を何というか。**漢字**で答えよ。

(4) 次の化学反応式にある（　　）に適切な数値を入れて化学反応式を完成させた場合，（　あ　）に当てはまる数字を**整数**で答えよ。

（　　）$Ag_2O$ ➡ （　あ　）Ag ＋（　　）$O_2$

(5) マグネシウムイオンは$Mg^{2+}$で表される。マグネシウム原子がマグネシウムイオンになる変化を，**$e^-$（電子）を用いた反応式**で表せ。

【Ⅱ】 同じ濃度の水溶液Ａ，Ｂ，Ｃがある。水溶液Ａ，Ｂ，Ｃは，塩酸，硫酸，水酸化ナトリウム水溶液，水酸化バリウム水溶液のいずれかである。水溶液Ａ，Ｂ，Ｃを用いて実験をおこない，次の実験結果１～４を得た。これらに関して，あとの問いに答えよ。

**実験結果１**　**水溶液Ａ** 10mLを中和するのに，**水溶液Ｂ** 10mLを要した。

**実験結果２**　**水溶液Ａ**と**水溶液Ｃ**は中和反応しなかった。

**実験結果３**　**水溶液Ｂ**に鉄を加えると，気体が発生した。

**実験結果４**　**水溶液Ｂ** 10mLと**水溶液Ｃ** 10mLの混合溶液にBTB溶液を加えると，混合溶液は黄色になった。

⑴ 中和反応について述べられた次の文章の空欄（　あ　）～（　か　）にあてはまる適切な語句を答えよ。ただし，空欄（　い　），（　う　），（　え　）には適切な**化学式**で，空欄（　お　），（　か　）には「大き」または「小さ」のいずれかの語句でそれぞれ答えること。

　酸は，水溶液にしたとき（　あ　）して，（　い　）を生じる化合物のことである。一方，塩基は，水溶液中で（　う　）を生じる化合物のことである。中和反応では，（　い　）と（　う　）が反応して（　え　）が生じる。また，酸の水溶液では，pHは７より（　お　）い値を示し，この水溶液に塩基の水溶液を加えていくと，pHの値は（　か　）くなっていく。

⑵ **水溶液Ａ，Ｂ，Ｃ**として考えられるのは何か。「塩酸」，「硫酸」，「水酸化ナトリウム水溶液」，「水酸化バリウム水溶液」から最も適切なものを選び，それぞれ答えよ。

⑶ **実験結果１**について，**水溶液Ａ** 10mLにあらかじめ数滴のフェノールフタレイン溶液を加えてから**水溶液Ｂ**を加えていった場合，溶液の色はどのように変化していくか。例にならって答えよ。

　　例）　黒色 → 緑色

⑷ **水溶液Ａ** 10mLと**水溶液Ｂ** 15mLの混合溶液を中和するのに必要な**水溶液Ｃ**の体積は何mLか。

⑸ **実験結果４**について，**水溶液Ｂ**に**水溶液Ｃ**を加えていく過程で，イオンの総数はどのように変化していくか。最も適切なものを一つ選び，（ａ）～（ｄ）の記号で答えよ。ただし，縦軸はイオンの総数，横軸は加えた**水溶液Ｃ**の体積（mL）を表している。

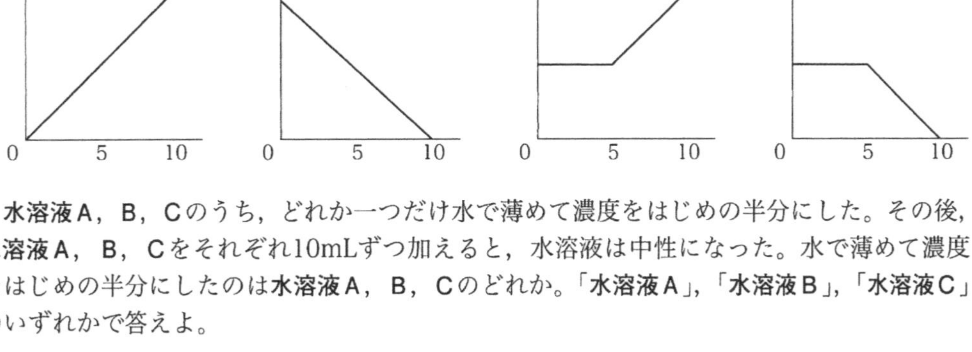


⑹ **水溶液Ａ，Ｂ，Ｃ**のうち，どれか一つだけ水で薄めて濃度をはじめの半分にした。その後，**水溶液Ａ，Ｂ，Ｃ**をそれぞれ10mLずつ加えると，水溶液は中性になった。水で薄めて濃度をはじめの半分にしたのは**水溶液Ａ，Ｂ，Ｃ**のどれか。「**水溶液Ａ**」，「**水溶液Ｂ**」，「**水溶液Ｃ**」のいずれかで答えよ。

# 理　科　5

## 3　次の【Ⅰ】・【Ⅱ】の問いに答えなさい。

【Ⅰ】　質量が600ｇで一辺の長さが10cmの立方体をした物体Ａがある。次の図１から図３を見て，⑴～⑷の問いに答えなさい。ただし，100ｇにはたらく重力の大きさを１Ｎとする。

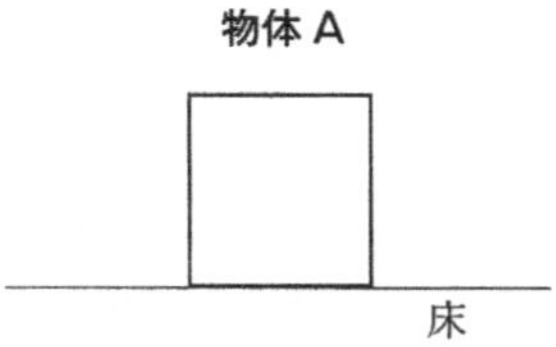


図１

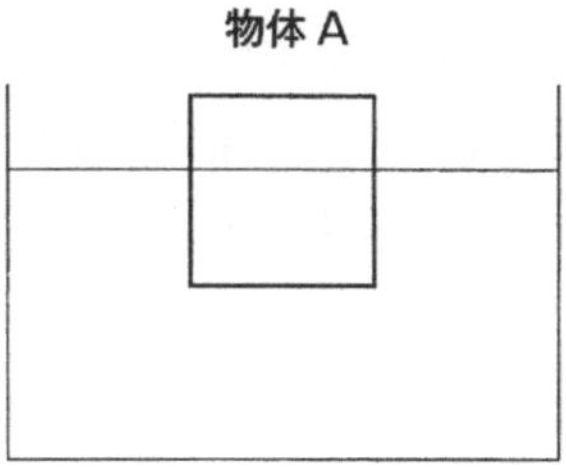


図２

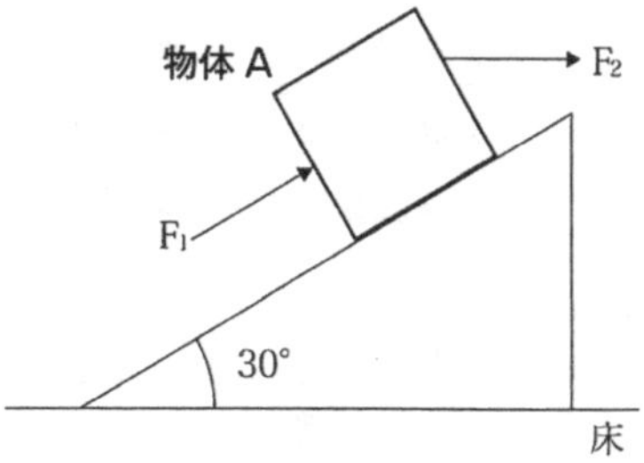


図３

⑴　**物体Ａ**の密度は何g/cm$^3$か，求めなさい。

⑵　**図１**のように，**物体Ａ**を平らで水平な床の上に置いたとき，**物体Ａ**の底面が床に及ぼす圧力は力（重さ）÷底面積で求まる。このことから，圧力を求めると何N/cm$^2$か，求めなさい。ただし，大気の圧力はないものとする。

⑶　**図２**のように，深い水そうに**物体Ａ**を静かに入れたところ一部を水面上に出して静止した。次の①～③に答えなさい。ただし，水の密度は１g/cm$^3$とする。

①　**物体Ａ**にはたらく浮力の大きさは何Nか，**物体Ａ**が水に浮いてつりあっていることを考えて，求めなさい。

②　水面の上に出ている**物体Ａ**の高さは何cmか，**物体Ａ**の60%が水に沈んでいるとして，求めなさい。

③　さらに，**物体Ａ**の上面に垂直にゆっくり力を加えて，この**物体Ａ**をすべて沈めるには何Nの力が必要か，求めなさい。

⑷　**図３**のように，平らで水平な床に固定された傾き30°の斜面がある。その斜面上に**物体Ａ**を置き，力$F_1$または$F_2$を加えて静止させた。次の①，②について，それぞれ答えなさい。ただし，斜面には摩擦はないものとする。また，必要があれば，$\sqrt{2}=1.4$，$\sqrt{3}=1.7$として計算しなさい。

①　斜面に平行に力$F_1$のみを加えて**物体Ａ**を静止させた場合，この力$F_1$の大きさは何Nか，重力の斜面方向の力の成分を考えて，求めなさい。

②　床に平行に右向きの力$F_2$のみを加えて**物体Ａ**を静止させた場合，この力$F_2$の大きさは何Nか，斜面方向の力のつりあいを考えて，求めなさい。

【Ⅱ】 電流のはたらきや磁界の性質を調べるために，次の図４のような電気回路をつくった。
電源Ｅは12Ｖ，電気抵抗$R_1$，$R_2$，$R_3$はそれぞれ４Ω，４Ω，２Ωの抵抗の大きさがあり，Ｓはスイッチである。また，導線ｂｃは，上方にＮ極，下方にＳ極の磁石ではさまれている。以下の問いに答えなさい。

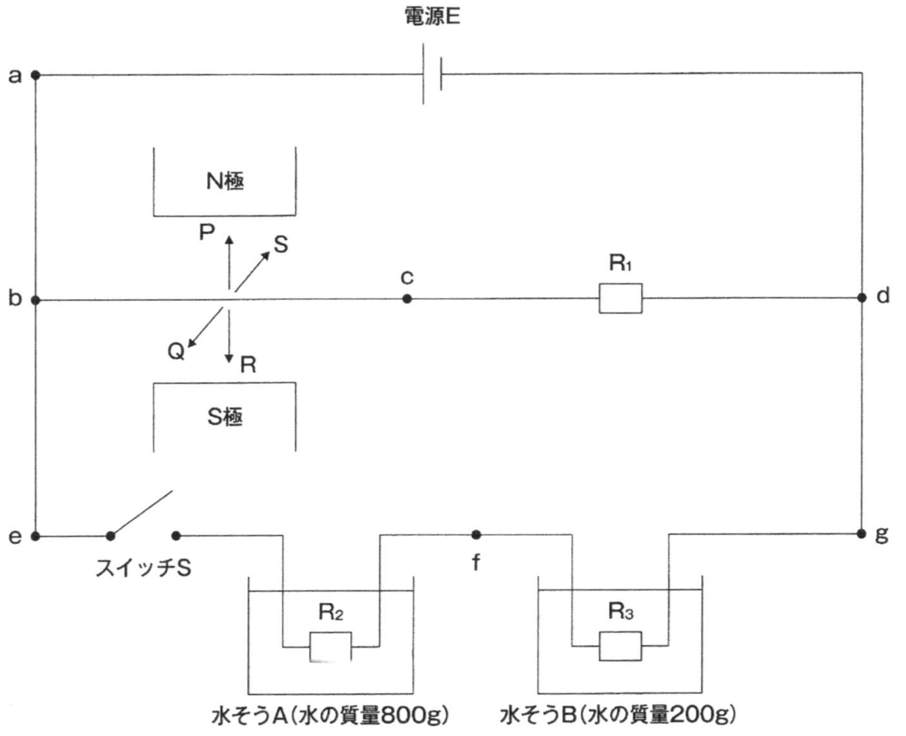

図４

スイッチＳを開いているとき，次の(1)，(2)の問いに答えなさい。

(1)　ａを流れる電流の大きさは何Ａか，求めなさい。

(2)　導線ｂｃはＰ（上），Ｑ（手前），Ｒ（下），Ｓ（奥）どの向きに力を受けるか，記号Ｐ，Ｑ，Ｒ，Ｓで答えなさい。

スイッチＳを閉じたとき，次の(3)～(5)の問いに答えなさい。

(3)　ａを流れる電流は何Ａか，$R_1$と$R_2$，$R_3$は全体として並列つなぎになっていることを考えて，求めなさい。

(4)　抵抗$R_2$，$R_3$で消費される電力$W_2$，$W_3$の比$W_2$：$W_3$は何対何か，最も簡単な**整数**の比で表しなさい。

(5)　**水そうＡ**（水の質量800ｇ）と**水そうＢ**（水の質量200ｇ）の水温の上昇$T_2$，$T_3$の比$T_2$：$T_3$は何対何か，消費電力を考えて，最も簡単な**整数**の比で表しなさい。

4 次の記録は，ある山に出かけたときのものである。あとの問いに答えなさい。

記録1 山に出かける前に自宅から空を観察すると，雲の割合は全天の４割だった。

記録2 山に到着し，山の岩石の特徴を調べると次のことがわかった。

<岩石の特徴>

・ 肉眼で観察すると，全体的に白っぽい色をしているが，黒っぽい粒も見られる。
・ ルーペで観察すると，ところどころに大きな鉱物が見られるが，そのまわりには小さな粒がつまっている。

記録3 山付近の空を観察すると，ある地点を境に雲ができており，そこから上は雲におおわれていた。

(1) **記録1**における天気として最も適するものを，次の**ア**～**ウ**から１つ選び，記号で答えなさい。また，その天気の天気記号を答えなさい。

| | | |
|---|---|---|
| **ア** 快晴 | **イ** 晴れ | **ウ** 曇り |

(2) **記録2**について，この岩石のスケッチとして適当なものは次の**図1**，**図2**のどれか。図の番号で答えなさい。また，**図1**の**a**，**b**の部分の名称を答えなさい。

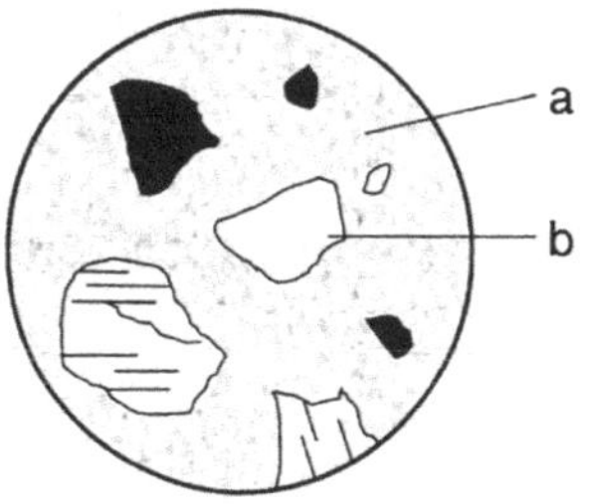


図1

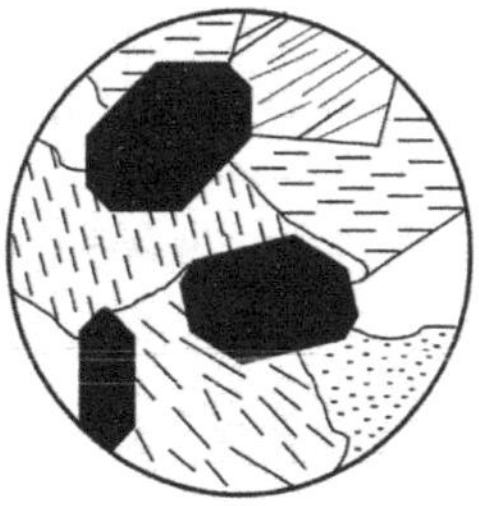

図2

(3) **記録2**よりこの山の岩石はどのようにしてつくられたと考えられるか。最も適当なものを，次の**ア**～**ウ**から１つ選び，記号で答えなさい。

ア 海底に堆積した砂や泥が固まり，その後隆起したことによって地表に出てきた。
イ マグマが地下深くでゆっくりと冷やされて固まり，その後隆起したことによって地表に出てきた。
ウ ねばり気のあるマグマが噴出し，急に冷やされて固まってできた。

(4)　**記録2**について，この山の岩石の鉱物の成分を調べてみると，岩石中の二酸化ケイ素$SiO_2$の質量%が60%で，カクセン石やキ石を多く含むことがわかった。下の**表1**は岩石に含まれる$SiO_2$の質量%と岩石の種類を示したものである。この岩石を，表の**A**～**F**から1つ選び，記号で答えなさい。また，その岩石の名称を答えなさい。

| $SiO_2$量（質量%） | | 約45% | 約52% | 約66% |
|---|---|---|---|---|
| 火山岩 | | 岩石**A** | 岩石**B** | 岩石**C** |
| 深成岩 | | 岩石**D** | 岩石**E** | 岩石**F** |

**表1**

(5)　**記録3**について，雲ができた地点の気温は13℃で，山のふもとの地表付近の湿度は74%であった。雲ができていない場合は地表から100m上昇するごとに気温は1℃低くなることが知られている。また下の**表2**は各温度における飽和水蒸気量の関係を示している。雲ができた地点の地表からの高さは何mか。

| 温度〔℃〕 | 9 | 10 | 11 | 12 | 13 | 14 | 15 | 16 | 17 | 18 |
|---|---|---|---|---|---|---|---|---|---|---|
| 飽和水蒸気量〔$g/cm^3$〕 | 8.8 | 9.4 | 10.0 | 10.7 | 11.4 | 12.1 | 12.8 | 13.6 | 14.5 | 15.4 |

**表2**

令 和 ６ 年 度

# 宮崎第一高等学校入学者選抜学力検査問題

（１月24日　第５時限　13時10分～13時55分）

# 英　　語

## （文 理 科）

（注　　　意）

１．「始め」の合図があるまで，このページ以外のところを見てはいけません。
２．問題用紙は，表紙を除いて８ページで，問題は６題です。
３．「始め」の合図があったら，まず解答用紙に出身中学校名，受験番号と氏名を記入し，次に問題用紙のページ数を調べて，抜けているページがあれば申し出てください。
４．答えは，必ず解答用紙に記入してください。
５．印刷がはっきりしなくて読めないときは，静かに手をあげてください。問題内容や答案作成上の質問は認めません。
６．「やめ」の合図があったら，すぐ筆記用具をおき，問題用紙と解答用紙を別にし，裏返しにして，机の上においてください。

**問題用紙は持ち帰ってかまいません。**

# 英　語　1

1　次の(1)～(15)の英文の空所に入れるのに最も適当なものを，それぞれあとの選択肢①～④のうちから１つずつ選び，記号で答えなさい。

(1) (　　　　) you do your homework yesterday?
① Are　② Do　③ Were　④ Did

(2) She usually (　　　　) to school by bus.
① come　② came　③ go　④ gone

(3) There (　　　　) twelve months in a year.
① is　② am　③ are　④ were

(4) I know all of (　　　　).
① they　② their　③ them　④ theirs

(5) I think Miyazaki is (　　　　) than Osaka.
① nice　② good　③ better　④ best

(6) Your baby (　　　　) walk soon.
① will can　② will be able to　③ be able to　④ can will

(7) Were you (　　　　) to the party?
① invite　② invited　③ invites　④ inviting

(8) Would you like (　　　　) drink?
① something cold to　② some cold to
③ cold something　④ cold to

(9) (　　　　) up early is good for your health.
① Get　② Getting　③ Go　④ Going

(10) That (　　　　) dog is very cute.
① sleep　② sleeping　③ sleeps　④ slept

(11) The books (　　　) by Shakespeare are very famous.

① write　② wrote　③ writing　④ written

(12) (　　　) you ever climbed Mt. Fuji?

① Do　② Did　③ Were　④ Have

(13) I (　　　) the brass band club.

① belong to　② am belonging　③ am belonging to　④ belong

(14) "Hello, everyone. My name is Mash Guy McCullough, but you can (　　　) me Mash."

① call　② keep　③ make　④ leave

(15) "Please (　　　) if you have any questions.

① have me　② know　③ let me know　④ let's ask

# 英　語　3

**2**　次の(1)~(5)の日本文に合うように，［　　　］内の語句を並べかえなさい。そして，２番目と４番目にくるものの最も適当な組み合わせを，それぞれあとの選択肢ア～エのうちから１つずつ選び，記号で答えなさい。

(1)　その問題を理解することは私達にとって重要だ。

It is [ to / understand / important / for / us ] the problem.

It is _______ _______ _______ _______ _______ the problem.

↑２番目　　↑４番目

ア　to - for　　イ　to - understand　　ウ　for - to　　エ　for - understand

(2)　サラは生徒が英語の記事を書くのを手伝いました。

Sarah [ write / helped / her students / article / an English ] .

Sarah _______ _______ _______ _______ _______.

↑２番目　　↑４番目

ア　her students - an English　　イ　helped - article

ウ　write - an English　　エ　an English - helped

(3)　ジェフリーは生徒に一生懸命勉強してほしいと思っています。

Jeffrey [ his students / hard / wants / to / study ] .

Jeffrey _______ _______ _______ _______ _______.

↑２番目　　↑４番目

ア　his students - hard　　イ　to - study

ウ　his students - study　　エ　to - hard

(4)　あなたは明日早起きする必要はありません。

You [ have / get / don't / up / to ] early tomorrow morning.

You _______ _______ _______ _______ _______ early tomorrow morning.

↑２番目　　↑４番目

ア　don't - have　　イ　don't - get　　ウ　have - to　　エ　have - get

(5)　私は全ての中でこの花がいちばん好きです。

I like [ this flower / all / the / of / best ].

I like _______ _______ _______ _______ _______.

↑２番目　　↑４番目

ア　the - of　　イ　all - the　　ウ　this flower - best　　エ　of - the

3　次の(1)～(10)の日本文に合うように，空所に入る適語を英語１語で書きなさい。

(1)　彼は病院で働いています。
He works at the (　　　　).

(2)　11月は祝日が２日あります。
There are two national holidays in (　　　　).

(3)　彼女の両親は２人とも音楽家でした。
Both her parents were professional (　　　　).

(4)　東京五輪は2021年に開催された。
The Tokyo (　　　　) Games were held in 2021.

(5)　彼は日本が生んだ最も偉大な科学者の１人です。
He is one of the greatest (　　　　) that Japan has ever produced.

(6)　買い物に行きましょう。
Let's go (　　　　).

(7)　そのお店は火曜日は遅くまで開いている。
The store is open late only on (　　　　).

(8)　私の兄は40歳です。
My brother is (　　　　) years old.

(9)　飛行機で宮崎から福岡まで約50分です。
It takes about fifty minutes by (　　　　) from Miyazaki to Fukuoka.

(10)　この番組はコカ・コーラの提供でお届けしました。
This program was (　　　　) to you by Coca-Cola.

4 次は，アメリカ出身のジョン（John）と，ジョンのホームステイ先の小川優子の家族との会話です。この対話をもとに，あとの問いに答えなさい。

This is John's second day at Yuko's house. He is now having dinner with Yuko and her parents.

Mr. Ogawa: Would you like some more?
John: ( ① ) I've had enough. The dinner was very good. Can I help you? I want to be a member of the family. I want to do some work.
Mrs. Ogawa: Thank you. Then, can you wash the dishes with Yuko?
John: ( ② )
Yuko: John, what kind of housework do you do in America?
John: Well, I wash the dishes with my sister every evening. On Saturday I often cook with my father.
Mr. Ogawa: Oh, do you? I often cook, too. ( ③ ) We can do it next Sunday.
John: That will be fun!
Yuko: I'm looking forward to the dinner on Sunday.
Mrs. Ogawa: Oh, I am, too. ( ④ )
John: Yes, she does. She is a teacher at a school. ( ) → ( ) → ( ) My sister and I help them every day.
Yuko: You all do the work at your house?
John: Yes. I think sharing the housework is important. It is good for the family, too.
Yuko: That's right. John, shall we start washing?

(1) 本文中の（ ① ）～（ ④ ）に入れるのに最も適当なものを，それぞれあとの選択肢ア～クのうちから1つずつ選び，記号で答えなさい。

ア No, we can't cook it.
イ Why don't you cook dinner with me?
ウ No, thank you.
エ Does your mother always stay at home?
オ Sure.
カ But you have never cooked before.
キ John, does your mother have a job?
ク Yes, please.

(2) 本文中の ( ) → ( ) → ( ) のそれぞれの（ ）が自然な流れになるように，下のア～ウの選択肢を並べかえ，解答欄に合うように書きなさい。

ア From Thursday to Saturday my father does.
イ She is always very busy, so my family shares the work at my house.
ウ For example, from Monday to Wednesday my mother cooks dinner.

【令和六年度】

# 国語解答用紙（文理科）

| 出身中学校 | 中学校 | 受験番号 | | 氏名 | |
|---|---|---|---|---|---|

㊟ 合計欄・小計欄には何も記入しないで下さい。

| 合計 |
|---|
| ※100点満点（配点非公表） |

文字は楷書で丁寧に書いて下さい。

## 一

- 問一 ㋐ ㋑ ㋒ ㋓ ㋔ てて
- 問二 ⓐ ⓑ
- 問三 A B C D
- 問四
- 問五
- 問六
- 問七
- 問八

| 一・小計 |
|---|
| |

| (7) | | | | | | | |
|---|---|---|---|---|---|---|---|
| | | | | | | | |
| (8) | | | | | | | |
| | | | | | | | |
| (9) | | | | | | | |
| | | | | | | | |
| (10) | | | | | | | |
| → | → | → | → | → | → | → | → |

| 小計 | |
|---|---|

4

| (1) | (2) | (3) | (4) |
|---|---|---|---|
| | | | |
| (5) | (6) | (7) | |
| | | | |
| (8) | | | |
| | | | |
| (9) | (10) | | |
| | | | |

| 小計 | |
|---|---|

5

| (1) | (2) | (3) | | |
|---|---|---|---|---|
| | | (I) | (II) | (III) |
| | | | | |
| (4) | | | | |
| | | | | |
| (5) | (6) | | | (7) |
| | | | | |
| (8) | | | | |
| | | | | |
| (9) | (10) | | | |
| | | | | |

| 小計 | |
|---|---|

3

| (1) | (2) | (3) | (4) |
| --- | --- | --- | --- |
| | P( , ) | | R( , ) |

| 小計 | |
| --- | --- |

4

| ① | ② | ③ | ④ | ⑤ |
| --- | --- | --- | --- | --- |
| | | | | |

| ⑥ | ⑦ |
| --- | --- |
| | |

| 小計 | |
| --- | --- |

5

| (1) | (2) | (3) | (4) | (5) |
| --- | --- | --- | --- | --- |
| cm | : | cm | cm² | cm³ |

| 小計 | |
| --- | --- |

| | (2) | | | (3) |
|---|---|---|---|---|
| II | 水溶液A | 水溶液B | 水溶液C | 色→　　色 |
| | (4) | (5) | (6) | |
| | mL | | | |

| 小計 | |
|---|---|

# 3

| | (1) | (2) | (3) | |
|---|---|---|---|---|
| I | g/cm³ | N/cm² | ①　　N | ②　　cm |
| | (3) | (4) | | |
| | ③　　N | ①　　N | ②　　N | |
| | (1) | (2) | (3) | |
| II | A | | A | |
| | (4) | (5) | | |
| | $W_2$ : $W_3$ = 　　: | $T_2$ : $T_3$ = 　　: | | |

| 小計 | |
|---|---|

# 4

| (1) | | (2) | | | (3) |
|---|---|---|---|---|---|
| 天気 | 天気記号 | 図 | a | b | |
| (4) | | (5) | | | |
| 岩石 | 岩石名 | m | | | |

| 小計 | |
|---|---|

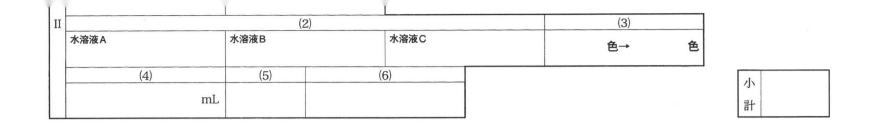

| | | | | | 小計 |
|---|---|---|---|---|---|
| | (9) | | (10) | | |

| | | | | | | | | | | | | 小計 |
|---|---|---|---|---|---|---|---|---|---|---|---|---|
| 4 | (1) | ① | | ② | | ③ | | ④ | | (2) | (　　)→(　　)→(　　) | |

| | | | | | | | | 小計 |
|---|---|---|---|---|---|---|---|---|
| 5 | (1) | | (2) | (　　)→(　　)→(　　)→(　　) | | | | |
| | (3) | 1 | | 2 | | 3 | | |
| | (4) | 1 | | | | | | |
| | | 2 | | | | | | |

| | | | 小計 |
|---|---|---|---|
| 6 | (1) | | |
| | (2) | | |
| | (3) | | |

# （令和６年度）英　語　解　答　用　紙（文理科）

| 出身中学校 | 中学校 | 受験番号 | | 氏名 | |
|---|---|---|---|---|---|

㊟　合計欄・小計欄は記入しないでください。

| 合計 | ※100点満点（配点非公表） |
|---|---|

| 1 | (1) | | (2) | | (3) | | (4) | | (5) | | (6) | | (7) | | (8) | | (9) | | (10) | |
|---|---|---|---|---|---|---|---|---|---|---|---|---|---|---|---|---|---|---|---|---|
| | (11) | | (12) | | (13) | | (14) | | (15) | | | | | | | | | | | |

| 小計 | |
|---|---|

| 2 | (1) | | (2) | | (3) | | (4) | | (5) | |
|---|---|---|---|---|---|---|---|---|---|---|

| 小計 | |
|---|---|

| | (1) | | (2) | | (3) | | (4) | |
|---|---|---|---|---|---|---|---|---|

【解答

# （令和6年度） 理　科　解　答　用　紙 （文理科）

| | | | | | |
|---|---|---|---|---|---|
| 出身中学校 | 中学校 | 受験番号 | | 氏名 | |

㊟ 合計欄・小計欄は記入しないで下さい。

| | |
|---|---|
| 合計 | ※100点満点<br>（配点非公表） |

## 1

| (1) | | | |
|---|---|---|---|
| a | b | c | d |
| e | f | g | h |
| i | j | k | |

| (2) | | | |
|---|---|---|---|
| (i) | AA ： Aa ： aa ＝ 　　：　　： | (ii) | 赤い花：白い花＝ 　　： |

| (3) |
|---|
| |

| | |
|---|---|
| 小計 | |

## 2

| | (1) | (2) | (3) | (4) | (5) |
|---|---|---|---|---|---|
| I | 　　電池 | 　　反応 | | | |

| (1) | | | |
|---|---|---|---|
| | | | |

【解答

# （令和6年度）数　学　解　答　用　紙（文理科）

| | | | | | |
|---|---|---|---|---|---|
| 出　身<br>中学校 | 中学校 | 受験番号 | | 氏 名 | |

㊟　合計欄・小計欄は記入しないで下さい。

| | |
|---|---|
| 合<br>計 | ※100点満点<br>（配点非公表） |

〔注意〕
① 答えを分数で書くときは，約分した形で書きなさい。
② 答えに√を含む場合は，√の中を最も小さい正の整数にしなさい。
③ 円周率は$\pi$とする。

**1**

| (1) | (2) | (3) | (4) | (5) |
|---|---|---|---|---|
| | | | | |

| | |
|---|---|
| 小<br>計 | |

**2**

| (1) | | | | (2) | (3) | (4) |
|---|---|---|---|---|---|---|
| ① | 点以上　点未満 | ② | | | | 円 |

| | |
|---|---|
| 小<br>計 | |

【解答

# （令和6年度）社　会　解　答　用　紙（文理科）

| 出身中学校 | 中学校 | 受験番号 | | 氏名 | |
|---|---|---|---|---|---|

㊟　合計欄・小計欄は記入しないで下さい。

| 合計 | ※100点満点（配点非公表） |
|---|---|

## 1

| (1) | (2) | | |
|---|---|---|---|
| | ア | イ | ウ |
| | | | |

| (2) | | (3) | (4) |
|---|---|---|---|
| エ | オ | | |
| | | | |

| (5) | | | |
|---|---|---|---|
| 設問① | 設問② | 設問③ | 設問④ |
| | | | |

| 小計 | |
|---|---|

## 2

| (1) | | | |
|---|---|---|---|
| ア | イ | ウ | エ |
| | | | |

| (2) | | |
|---|---|---|
| 設問① | 設問② | 設問③ |
| | | m |

| (3) | (4) |
|---|---|
| | |

| 小計 | |
|---|---|

## 3

| (1) | (2) | (3) | (4) |
|---|---|---|---|
| | | | 制度 |

【解答

## 二

問一
㋐ められた
㋑ いられて
㋒ えた
㋓
㋔

問二
ⓐ
ⓑ

問三
30

問四
50

問五

二・小計

## 三

問一
ⓐ
ⓑ

問二
①
④

問三
①
②

問四
やはり思ったとおり、

三・小計

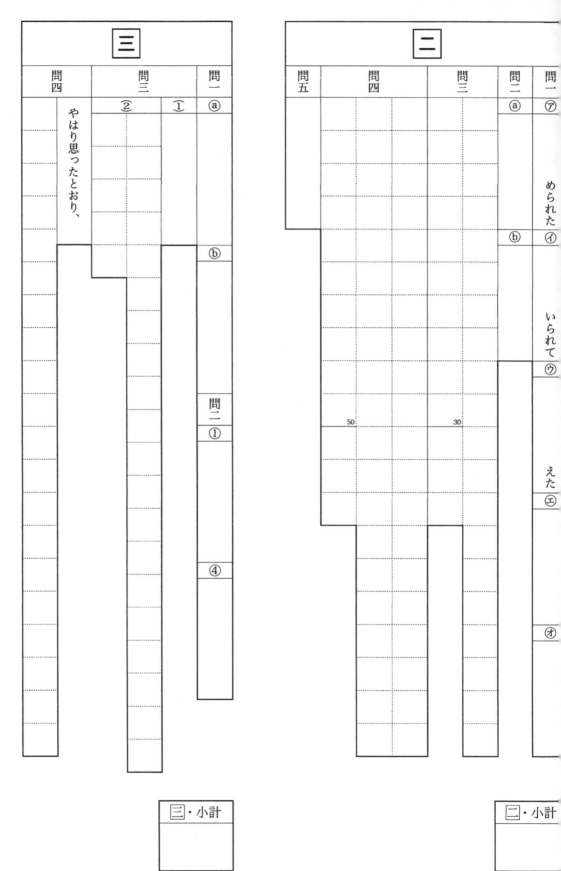

5 次の英文を読んで，あとの問いに答えなさい。

Toshiya was a third-year student at a junior high school. His school had a chorus contest in March every year. At the end of February, Toshiya and his classmates were talking about the contest. They wanted to win it. Everyone around Toshiya knew he liked singing and sang very well. One of his classmates said, "Toshiya knows how to sing well. So I want Toshiya to become the conductor of our chorus." Everyone agreed. At first, Toshiya wanted to sing with his classmates. But, for his class, he finally agreed and became the conductor. They started to practice after school every day.

There were two weeks until the contest. Toshiya wanted to make their chorus better and started to give advice to his classmates. He stopped the practice very often to give advice, and the students weren't able to enjoy singing. Some of them started to complain about that. Linda, Toshiya's classmate from America, said to him, "Toshiya, you give us a lot of advice, but we can't understand what you mean." She looked a little angry. Toshiya said, "Let me show you. Try to sing like me, everyone." He began to sing in front of the class. His voice was very beautiful. Linda and the other students thought he was a really good singer. However, they still didn't know how to sing well. But they stopped complaining and started to practice again. Their teacher, Mr. Nakao, was listening to them outside the classroom. He thought, "They are practicing hard. But they don't have good harmonies. They *don't realize that."

Only one week was left before the contest. Toshiya was worried about the chorus because they didn't sound good yet. Akira, one of his classmates, often sang poorly. Toshiya stopped the practice and complained to him, "We have practiced hard for a week. But we can't do well because you still sing badly. Then Linda shouted, "Stop, Toshiya!" She ran over to Toshiya and said, "Akira has also practiced very hard. We all know you can sing very well, but that doesn't mean you can say anything you want." Toshiya was surprised because Linda was very angry. His classmates also looked angry. He didn't know what to do and left the classroom.

When Toshiya was going home, he thought, "I said something bad to Akira. I will apologize to him tomorrow. But what should I do for the class?" Then he saw his little brother Ken. Ken was playing soccer with his friends in the park and looked very happy. Toshiya was surprised to see that because he knew Ken was not good at sports. Ken usually didn't play well, but his friends didn't complain about that. Sometimes he played well, and his friends said, "Good, Ken!" Ken smiled and ran hard. At that time Toshiya thought, "Now I know what I should do for the class. I will practice singing together with my classmates. We need to help each other. That will make good harmonies in our chorus."

The next day, Toshiya said to his classmates, "I was wrong, everyone. I said something bad to Akira. I'm sorry." He said to Akira, "Let's practice singing together. I'll stand next to you today when we sing." Akira smiled and said, "Thank you, Toshiya." The other students also smiled. Toshiya said, "Linda, will you be the conductor today?" "Sure!" Linda answered. She said, "We don't have much time until the contest. Let's practice hard to win it!" Everyone said, "Yes!"

When Mr. Nakano came into the classroom, the students were singing. Toshiya was singing, too. They looked very happy because they were really enjoying singing. After the practice, Mr. Nakao said to them, "You are better than before!" Toshiya said, "Yes, we have good harmonies now!"

(1) 下線部の内容を，次のように書き表すとき，空所に下のどれを入れるのが適当か。選択肢ア～エのうちから1つ選び，記号で答えなさい。

They don't know (　　　　).

ア　Linda is a little angry　　　　イ　Toshiya is a really good singer

ウ　they don't have good harmonies　　　　エ　only one week is left before the contest

(2) 次のア～エの文を，本文の内容の流れに沿って並べ，記号で答えなさい。

ア　Toshiya stopped the practice and said something bad to Akira.

イ　Toshiya asked Linda to be the conductor and sang with his classmates.

ウ　Toshiya started to give advice to his classmates to make their chorus better.

エ　Toshiya thought his class needed to help each other and apologized to his classmates.

(3) 次の1～3の文を本文の内容と合うようにするとき，空所に入る最も適当なものをそれぞれ下の選択肢ア～エのうちから1つずつ選び，記号で答えなさい。

1 Toshiya's classmates wanted him to become the conductor because (　　　).

ア he was not good at singing

イ they knew he didn't like singing

ウ they thought he knew how to sing well

エ he really wanted to become the conductor

2 Linda was very angry because (　　　).

ア Akira often sang off-key

イ Toshiya left the classroom

ウ the chorus was not good yet

エ Toshiya said something bad to Akira

3 When Toshiya saw Ken in the park, (　　　).

ア Ken looked very happy

イ Toshiya said to him, "Good , Ken!"

ウ Toshiya thought Ken was good at sports

エ one of Ken's friends complained to Ken

(4) 次の質問に，それぞれ指定された語数の英語で答えなさい。

1 What did Toshiya decide to do for the class after he saw Ken in a park? 【8～10語】

2 Why did the students look very happy when Mr. Nakao came into the classroom? 【5～7語】

## 6 次の日本文を，英語になおして書きなさい。

(1) 最近は，いやおうなしに英語を使っていかなければならない。

(2) 私は小さい頃は泣き虫でした。

(3) 私はその本の中のいくつかの単語は知らない。

令和５年度

## 宮崎第一高等学校入学者選抜学力検査問題

（１月25日　第１時限　９時00分～９時45分）

# 国　　語

## （文理科）

（注　　　意）

１．「始め」の合図があるまで，このページ以外のところを見てはいけません。
２．問題用紙は，表紙を除いて12ページで，問題は３題です。
３．「始め」の合図があったら，まず解答用紙に出身中学校名，受験番号と氏名を記入し，次に問題用紙のページ数を調べて，抜けているページがあれば申し出てください。
４．答えは，必ず解答用紙に記入してください。
５．印刷がはっきりしなくて読めないときは，静かに手をあげてください。問題内容や答案作成上の質問は認めません。
６．「やめ」の合図があったら，すぐに筆記用具をおき，問題用紙と解答用紙を別にし，裏返しにして，机の上においてください。

**問題用紙は持ち帰ってかまいません。**

# 国語　1

## 一　次の文章を読んで、後の問いに答えなさい。（作問の都合上、原文の一部を変更しています。）

ここで一本のドキュメンタリー映画を紹介します。オーストリアのヴェルナー・ブーテ（ボーテ）監督がグリーンウォッシング（後述）の専門家カトリン・ハートマンとともに世界中を飛び回り、環境問題を取材して制作した『グリーン・ライ：※エコの嘘《うそ》』という映画です。

この映画のテーマは「**グリーンウォッシング**」（うわべだけ環境保護に熱心なようにみせること）です。たとえばチョコレートなどをつくるのに必要なパーム油を生産するために、東南アジアで熱帯林を焼き払ってアブラヤシだけを大量に植えている（単一作物栽培、モノカルチャーといいます）ことはよく知られています。それは熱帯林破壊として三〇年以上前から指摘されていました。

そんな中、二〇〇四年に「持続可能なパーム油のための円卓会議」（ＲＳＰＯ）による認証制度が始まり、「持続可能なパーム油」としてⓐお墨付きを与える制度ができました。それに対して、この映画は、熱帯林を破壊することによって作られている以上、「持続可能なパーム油」というものはあり得ない、と批判しています。

私たちは認証制度を信用してエコな商品を買っているつもりになっていますが、実際には環境破壊にⓑ加担している場合が多いのです。（　Ａ　）エコ商品を買っても環境に良いことをしているとはいえないケースがあるのです。

ひるがえって、$CO_2$の削減について考えてみましょう。私たちは$CO_2$排出の少ない製品を買うよう促されています。エコカー、エコハウスなど、いろいろありますよね。しかしそれが本当にエコな製品なのかどうかは、一度疑ってみる必要があります。

ある製品が本当にエコなのかを調べるために、ＬＣＡ（**ライフサイクルアセスメント**）という考え方を知っておくとよいでしょう。（　Ｂ　）$CO_2$に関してなら、資源の採取から、生産段階、消費段階、㋐ハイキ・リサイクル段階で排出される$CO_2$の総量を調べて比較するわけです。第一章で紹介した※「ロカボラボ」というウェブサイトでは、ＬＣＡの考え方に基づいてガソリン車と電気自動車の$CO_2$排出量を比較しています。

このように、一応は消費者の側で、本当にエコな商品はどれなのかを調べて選ぶことができます。（　Ｃ　）、ここで立ち止まって考えてみてください。（　Ｄ　）消費者がそんな㋑メンドウなことをしなければいけないのでしょうか。環境にやさしい製品をつくるのは当たり前のことであって、そうしない企業はむしろ㋒懲罰の対象にすべきではないでしょうか。『グリーン・ライ』のなかで、テキサス大学教授のラージ・パテルは、環境破壊を行っている企業を法律で取り締まることが必要だと話しています。近年では環境教育などによって、環境にやさしい［ i ］をするよう促されていますが、環境を守るには「［ ii ］のしかた」ではなく「［ iii ］のしかた」を改めるべきなのです。

# 国語 2

つまり消費者の責任ではなく、企業の責任が大きいのです。問題解決を消費者のエコな(エ)センタクにゆだねるのは間違っています。それは消費者に環境問題の責任を(オ)カジョウに分配することです。

同様に、$CO_2$排出の削減が進まないのを、市民の意識が低いことに求めるのは間違っています。地球温暖化問題を解決するには、「[ iv ]のしかた」を改める必要があります。市民や消費者に問題点があるとしたら、厳しい法規制を政府に求めない点や、企業や生産者が環境破壊を行っていることを非難しない点にあるといえるでしょう。

科学技術社会論の研究者である平川秀幸は、環境や食品安全などの社会問題について「自分たちに何ができるか」を大学生のレポート課題としたところ、「[ X ]」という類の答えが多かった、と報告しています。ここからは、日本では社会問題に対して個人倫理で対応しようとする姿勢が強い、ということが分かります。

しかし、私たちが省エネをしたりゴミ拾いをしたりしても、たかが知れています。重要なのは大口の無駄を減らすことなのです。大口の無駄を減らすためには、コツコツ個人で努力するだけではなく、①社会的なアクションを起こすことが必要になります。

平川は、学生のレポートに「[ X ]」という類の答えが多くなるのには、②日本社会のある種の風潮に原因があると指摘します。

アメリカのクリントン政権時代に副大統領を務めたアル・ゴアを知っていますか。彼は環境問題をライフワークにしており、その活動や講演は映画にもなっています。映画『不都合な真実』は日本では二〇〇七年に上映されました。それを見た平川は、『不都合な真実』の日本語版広報に「不自然な省略」があることに気づきます。

平川によれば、映画の英語版広報の※バナーには、"Political will is a renewable resource"(政治的意志は再生可能な資源である)という文言があったのですが、日本語版からは消されていたというのです。また、英語版の'TAKE ACTION'(行動しよう)の中にあったHelp bring about change LOCALLY, NATIONALLY AND INTERNATIONALLY(地域で、国レベルで、そして国際的に変化を起こすのを手伝いましょう)という項目も、日本語版では省略されているとのことです。

平川はこれらについて、次のように分析しています。「要するに日本での『不都合な真実』の広報サイトからは、社会的アクションにつながるメッセージがごっそり省略され、個人単位の行動しか見えてこないのだ」。そして「まるで、社会的あるいは政治的なアクションを起こすことは、この社会では※タブーであるかのよう」だと評します。学生のレポートはそのような社会の反映なのでしょう。

それに対して平川は、「一人一人主義では世の中は少しも変わらない」と断言します。さらに「一人一人主義は無力感を深めもするし、自己満足に終わる可能性もある」と述べて、他の人とつながることや、社会的アクションを起こすことを求めています。

（吉永明弘『はじめて学ぶ環境倫理』ちくまプリマー新書より）

※エコ……………エコロジー（環境保護運動）の略。
※「ロカボラボ」…環境問題に関する記事を投稿するサイト。
※バナー…………インターネット上における広告。
※タブー…………社会的に厳しく禁止される行為。触れたり口に出したりしてはならないとされる事柄。

問一　＝＝線㋐～㋔の漢字は平仮名に、カタカナは漢字に直しなさい。

問二　～～線ⓐ・ⓑの意味として最も適切なものを、下のア～エの中からそれぞれ選び、記号で答えなさい。

ⓐ　お墨付きを与える
- ア　権威あるところが保証する。
- イ　正式な名前を付ける。
- ウ　政府が特別な扱いをする。
- エ　公的なものだと認める。

ⓑ　加担している
- ア　勢いを加える。
- イ　思い切り踏み出す。
- ウ　力を添えて助ける。
- エ　支障をきたす。

問三　（　A　）～（　D　）に当てはまる語を、次のア～オの中からそれぞれ選び、記号で答えなさい。

ア　なぜ　　イ　しかし　　ウ　つまり　　エ　あるいは　　オ　たとえば

# 国語 4

問四 [ i ]～[ iv ]には、A「消費」とB「生産」のどちらが入るか、それぞれ記号で答えなさい。

問五 [ X ]に当てはまる表現を、次のア～エの中から一つ選び、記号で答えなさい。

ア 法律を変えなければいけません
イ 社会全体に訴えていきましょう
ウ 一人一人の心がけが大切です
エ 消費のしかたを反省するべきです

問六 ――線①「社会的なアクション」とありますが、具体的にどういうことを指すのか、二つ挙げ、本文の表現を使ってそれぞれ二十字以内、三十字以内で答えなさい。

問七 ――線②「日本社会のある種の風潮」とありますが、それはどのような風潮か、本文の表現を使って四十字以内で答えなさい。

問八 本文の内容に**合致しない**ものを、次のア～エの中から一つ選び、記号で答えなさい。

ア $CO_2$の削減が進まないのは、現在の政治と経済が、企業や生産者側に責任を負わせるようなしくみになっていないからである。
イ 電気自動車がガソリン車よりエコであるかどうかの判断は、ライフサイクルアセスメントの考え方が一つの指標になる。
ウ 日本では社会的あるいは政治的なアクションを起こすことを抑制する傾向があり、問題解決が進まない要因になっている。
エ 政治や経済に対してアクションを起こしても無力感が増すばかりなので、日本人は個人倫理で対応しようとする人が多い。

# 国語　5

## 二　次の文章を読んで、後の問いに答えなさい。（作問の都合上、原文の一部を変更しています。）

主人公の少年には、小学校に入学したばかりの弟アツシがいる。アツシは幼稚園に入る前の健康診断で視力が悪いことが分かり、度の強いメガネをかけている。
本文は、アツシが目の手術をするため、隣の市の大学病院に入院する前日に、二人で自転車に乗って出かけた場面である。

ずっと足手まといだった。少年が団地の友だちと遊ぶとき、アツシは「ぼくも、ぼくも」と仲間に入れてほしがった。でも、仲間に入ってもいつも「おみそ」扱いだった。歳《とし》が四つも下だし、すぐにけつまずいて転んでしまうし、ボールの転がる方向や距離がうまくつかめないので、サッカーやソフトボールの球拾いさえまともにできない。

そんなアツシを見るたびに、［X］した。友だちがメガネをからかったり、目の悪さのせいでいじめたりしたことはなかったが、気をつかわれているのがわかるから、嫌だった。アツシと一緒にいると、なんだか自分まで「弱いほう」になってしまうようで、まだ遊びたがっているアツシを無理やり帰らせて、泣かせてしまったこともある。

かわいそうなことをした。いまは思う。いまだから思う。もっとたくさん遊んでやればよかった。キャッチボールの相手をせがまれたとき、どうせアッくんには無理だよ、と断るのではなく、たとえボールを後ろにそらしてばかりでも付き合ってやればよかった。

手術が成功すれば、視力はだいぶ上がる。いまほど分厚いメガネをかけずにすむし、ものがゆがんで見えるのも治る。でも、もしも失敗してしまうと——父も母も、そのことはなにも話さない。だから、少年も訊《き》けない。

「アッくん」前を向いたまま、声をかけた。「なんで海に行きたいんだよ」

「なんとなく……」

「だって、おまえ、海なんかべつに好きじゃないだろ」

「でも……わかんないけど、なんとなく……」

「明日入院するから？」

少年の声は、かすかに㋐フルえた。アツシの返事がなかったので、ハンドルを強く握りしめた。Ⓐ胸がつっかえて、どきどきする。胸の中には、まだ訊きたいことが残っている。

目の手術をするから？　手術に失敗するかもしれないから？　もしも失敗したら目がどうなるのか、アッくん、知ってるの——？

道は上り坂になった。二人乗りで漕《こ》ぐのはもう無理だ。少年は胸をつっかえさせたまま、自転車から降りた。アツシも荷台から降りようとしたが、「いいよ、おまえは乗ってて」と振り向かずに言って、自転車を押していく。

「らくちーん。牧場に行ったときみたい」

アツシは笑った。去年の夏、家族で高原の観光牧場に出かけ、曳《ひ》き馬に乗った。両親に「勇気出してがんばれ」「怖くない怖くない」と励まされて一人で鞍《くら》にまたがったアツシは、白樺《しらかば》林の中を一周した。最初は鞍についた取っ手を両手でしっかり握りしめていたが、終わり頃には片手を離して、母のかまえるカメラに向かってVサインをつくった。「勇気出してがんばれ」「怖くない怖くない」と、両親は手術の前にも言うだろうか。手術に成功したら、アツシはまたVサインをつくるのだろうか……。

入院は二週間の予定だった。目の中にメスを入れるというのに、意外と短い。そんなに難しい手術ではないのかもしれない。でも、もしも、もしも、もしも……と考えると、「もしも」の向こう側にあるものがどんどん近づいてくる気がする。怖い。だったらなにも考えなければいいのに、勝手に考えてしまう。両親に文句を言いたい。もっと早く手術を受けさせていれば、少年も幼すぎて「もしも」のことは考えずにすんでいたのに。

商工会館の建物が見えた。あと少し。少年は息を詰め、歯を食いしばって、自転車を押していく。汗が目に滲《し》みる。㋑フき取りたくても、ハンドルを片手で支えるのは無理だ。目がチカチカして痛い。汗と涙がにじんだ目に映る風景は、揺れながらゆがんでいた。

日曜日の商工会館は玄関に鍵が掛かっていた。少年はあきらめきれずに玄関のガラスドアを押したり引いたりしたが、アツシは[Y]した様子で「おにいちゃんと二人乗りしたから、面白かったから、もういいよ」と笑った。

「だめだよ、そんなの」

開いている出入り口がどこかにあるかもしれない。たまにはそういうことで「もしも」を使いたかった。

「勝手に入ったら怒られちゃうよ……」と逃げ腰のアツシの手を引いて建物の裏に回ると、非常階段があった。落ちないように柵《さく》のついた、らせん階段だった。

よし、と少年はうなずいた。方角も海のほうを向いている。いいぞ、と頬《ほお》がゆるんだ。①「もしも」が当たった。めったに当たらないから「もしも」なのだから、②もう一つの「もしも」は、これでもうはずれる――と、いい。

階段を上った。転んだときのためにアツシの後ろに回った少年は、「手すり、ちゃんと持ってるか」と何度も声をかけた。階段の段差はけっこうあって、まだ小さなアツシは、一段ずつ踏ん張らないと上れない。でも、それがかえってよかったのか、アツシは一度もけつまずくことなく、よいしょ、よいしょ、と上っていった。

三階から四階に上る途中で、まわりの建物の高さを超えて、視界が開けた。

「アッくん、海、あっちだから」

少年が指差す方向に目をやったアツシは、途方に暮れた顔で「どこぉ……?」と訊いた。

「もっと先だよ、ずーっと先のほう」

見えるのだ。ビルや家の建ち並ぶ街を越えたずっと先に、空よりも微妙にまぶしい、コンタクトレンズのような形の入り江が小さく見える。間違いない。あれは海だ。

檻《おり》の鉄格子《てつごうし》をつかむ動物園のゴリラみたいに、アツシはしばらく黙って柵に顔を張りつかせた。

カウントダウンは十。少年はそう決めた。十数えても海を見つけられなかったら、もっと上まで行けばいい。このビルは六階建てだから、どこかで海を見つけられる。絶対にだいじょうぶ。自分に言い聞かせて、いーち、にーい、と数えはじめて……なな、で終わった。

「わかった! 見えた!」

アツシの(ウ)カンセイが、鉄の階段にキンと響いた。

二人はしばらく黙って、街と、空と、海を眺めた。ときどき顔を見合わせて、アツシはうれしそうに、少年は照れくさそうに、笑った。

アツシのほうが階段の上の段にいるので二人の顔の高さはほとんど同じで、正面から見るときにはアツシのメガネの(エ)渦もそれほど目立たないんだな、と少年は気づいた。

「夏休みになったら、ほんとに海に行こう」

少年が言うと、アツシは「泳げる?」と訊いた。

「泳げるし、お母さんに水中メガネ買ってもらって、もぐって遊ぼう」

「お魚、見える?」

少年は息をすうっと吸い込んで、「アッくんの目が良くなったら、見えるよ」と言った。「だから見えるんだよ、絶対、百パーセント」

「……ほんと?」

「信じろよ、ばーか。文句言ってたら置いて帰るぞ」

(B)胸につっかえていたものが、とれた。アツシもなんだかほっとしたように、えへへっ、と笑った。

「アッくん……」

「なに?」

「手術がすんだらお㋔ミマいに行くから、マンガ、たくさん持って行ってやる」

大事にしているコミックスを、ぜんぶ。「そのかわり汚さずに読めよ」と言うと、アツシは笑ってうなずいた。

「あと、いろんなテレビ、録画しとくから。退院してから観《み》ろよ。オレも一緒に観てやるし」

入院中にアツシの好きなアニメの特番があるといいのに。ガキっぽいアニメなんて最近はちっとも観ていない。でも、アツシも一緒なら、泣くほど面白いだろう。

「あと……あと……」

ほかになかったっけ、アッくんに見せたいもの、なにかなかったっけ。うまく思いつかずに「あと……あと……」と繰り返していると、雲の切れ間から夕陽《ゆうひ》が射した。

オレンジ色に輝いた海を、アツシは「うわあっ、きれいっ」とつぶやいて、じっと見つめた。

「……べつにたいしたことないよ、③もっときれいなの、いっぱいあるよ……オレ、知ってるから、今度アッくんに見せてやるから……」

少年は柵に軽くおでこをぶつけながら言った。

それきり二人はまた黙り込んで、海を眺めた。夕陽がまた雲に隠れてしまうまで、じっと見つめつづけた。

（重松清「おとうと」『小学五年生』所収　文春文庫刊より）

問一　═══線㋐～㋔の漢字は平仮名に、カタカナは漢字に直しなさい。

問二　X・Y に当てはまる語を次のア～オの中からそれぞれ選び、記号で答えなさい。

ア　どきどき　　イ　さばさば　　ウ　おどおど　　エ　いきいき　　オ　いらいら

問三　――線①「もしも」、――線②「もう一つの『もしも』」とありますが、それぞれの「もしも」の内容が分かるように、解答欄に合わせて書きなさい。

問四 〰〰線Ⓐ「胸がつっかえて、どきどきする」、〰〰線Ⓑ「胸につっかえていたものが、とれた」とありますが、これらから読み取れる少年の心情の変化の説明として最も適切なものを、次のア～オの中から一つ選び、記号で答えなさい。

ア 弟が失明したときのことを想像して怖くなったが、海を見て夏休みの計画に心をはずませている本人の様子があまりに楽天的であったため、拍子抜けしている。

イ 弟に手術が失敗するリスクを知らせるべきか悩んでいたが、海を見せてやれたことで、全てが上手くいく未来を想像し、気持ちが楽になっている。

ウ 弟に手術が失敗するかもしれないという不安を与えてしまったことを後ろめたく感じていたが、海を見せてやったことで許されたような気がしている。

エ 手術に失敗して失明するかもしれないという弟の不安が伝わって動揺したが、海を見せてやれたことで、明るい未来を信じようと前向きな気持ちになっている。

オ 失明してしまうかもしれない弟に、何としてでも海を見せなくてはならないというプレッシャーを感じていたが、目的が達成できてほっとしている。

問五 ――線③「もっときれいなの、いっぱいあるよ……」とありますが、このときの少年の心情を四十字程度で説明しなさい。

問六 本文における少年の心情や行動の説明として最も適切なものを、次のア～オの中から一つ選び、記号で答えなさい。

ア 少年は弟を足手まといに思い邪険にしていたが、もしも弟が失明したらずっと後悔すると考え、海に連れて行こうと思い付いた。

イ 少年は心の動揺を悟られないようにふるまいつつ、自分を慕ってついてくる弟の望みを叶えてやりたいと懸命になっている。

ウ 少年は弟に早く手術を受けさせなかった両親を恨み、兄として弟を守ってやらなければならないという使命感を感じている。

エ 少年は両親の愛情が弟にばかり注がれるのを不満に思っていたが、失明するかもしれないと聞いて、優しくしようと思っている。

オ 少年は弟のために出来ることは何でもしてやりたいと思っているが、その気持ちが空回りして弟を振り回してしまっている。

# 三　次の文章を読んで、後の問いに答えなさい。

※堀川院の御時《治めていた時代》、※勘解由次官《かげゆのすけ》明宗《あきむね》とて、いみじき《大変にうまい》笛吹きありけり。ゆゆしき心おくれの人なり《驚くほどの気後れをしてしまう人であった》。院、笛聞こしめされむとて《お聞きになりたいと思って》、召したりける時《お呼びになった》、帝の御前と思ふに、臆して、わななきて《がたがたふるえて》、①え吹かざりけり。

本意《ほい》なし《残念だ》とて、相知れりける《よく知っている》※女房に、Ⓐ仰《おほ》せられて《おっしゃって》、「私に《個人的に》坪《庭》の辺《ほと》りに呼びて、吹かせよ。われ、②立ち聞かむ」と仰せありければ、月の夜、かたらひ契《ちぎ》りて《（明宗と）約束して》、Ⓑ吹かせけり。「女房の聞く」と思ふに、はばかるかたなくて《気後れすることがなくて》思ふさまにⒸ吹きける。③世にたぐひなく、めでたかりけり《すばらしかった》。

帝、感に堪へさせ給はず《感動をおさえなさることができず》、「日ごろ、ⓐじやうずとは聞こしめしつれども《思っていたが》、かくほど《これほど》までは思《おぼ》しめさず《思わなかった》。いとどこそめでたけれ」と仰せ出されたるに、「さは《さては》、帝の聞こしめしけるよ」とたちまちに臆して、さわぎけるほどに、縁よりⒹ落ちにけり。「※安楽塩《あんらくえん》」といふ異名を付きにけり。

昔、※秦舞陽《しんぶやう》が※始皇帝を見奉《たてまつ》りて、色《顔色》変じ、身ⓑふるひたりけるは、※逆心をつつみえざりける《つつみ隠すことができなかった》ゆゑなり。明宗、なにによりて、さし《そんな》もあわてけると《にも》、をかし。

※天徳の歌合《うたあはせ》に、※博雅三位《はくがのさんみ》、※講師《かうじ》つとむるに、ある歌を読みあやまりて、色変じ、声ふるひける由《よし》、かの時の記に見えたり。

④かやうのこと、上古のよき《立派な》人も、力及ばぬことなり。

（『十訓抄《じっきんしょう》』より）

※堀川院……第七十三代天皇。和歌、音楽にすぐれる。
※勘解由次官……国司（地方官）交代の審査にあたる副官。
※女房……宮中で働く女性。
※安楽塩……楽曲の名。
※秦舞陽……中国の戦国時代の刺客。始皇帝の暗殺を企てる。
※始皇帝……中国、秦の初代皇帝。万里の長城を築くなど、強力な国家を建設した。
※逆心……主君にそむこうとする気持ち。
※天徳の歌合……天徳四年三月三十日、村上天皇の内裏で行われた和歌の優劣を競う催し。
※博雅三位……源博雅。平安中期の音楽家。琵琶などに秀で、音楽にまつわる逸話が多い。
※講師……歌合等で、歌を読みあげ、披露する役割のこと。

問一　══線ⓐ・ⓑの読みを現代仮名遣いで答えなさい。

問二　――線①「え吹かざりけり」、――線②「立ち聞かむ」とありますが、その訳として最も適切なものを、下のア～エの中からそれぞれ選び、記号で答えなさい。

①　え吹かざりけり
ア　一生懸命吹こうとした
イ　吹かないわけにはいかなかった
ウ　吹くことができなかった
エ　上手に吹くことができた

②　立ち聞かむ
ア　立ち聞くことにしよう
イ　立ち聞くのはよくない
ウ　立ち聞いておきなさい
エ　立ち聞かないことにしよう

問三 ――線Ⓐ～Ⓓの主語を、次のア～ウの中からそれぞれ選び、記号で答えなさい。

ア 堀川院（帝）　イ 明宗　ウ 女房

問四 ――線③「世にたぐひなく、めでたかりけり」とありますが、そのような演奏になったのはなぜか、三十五字程度で答えなさい。

問五 ――線④「かやうのこと」とありますが、どういうことを指しますか。明宗や博雅三位の例をもとに三十字以内で答えなさい。

問六 以下の会話は、本文を読んだ生徒の会話です。明らかに誤っている発言を、次のア～オの中から**二つ**選び、記号で答えなさい。

ア 生徒A――帝がこっそり自分の演奏を聴いていたことを知った明宗の慌てぶりは面白かったね。

イ 生徒B――でも帝は明宗の腕が大層上手だと期待していたのに、実際はそこまでの演奏ではなかったと思ったんだね。

ウ 生徒C――「安楽塩」という曲名が明宗のあだ名になったのは、縁から落ちたことを言った「ああ落縁」とかけているからだね。

エ 生徒D――昔の中国でも、秦舞陽という人物が始皇帝に会えた感動を隠しきれずふるえていたという話が紹介されているよ。

オ 生徒E――日本においても、博雅三位が自分の読み間違いに動揺して声がふるえてしまったということがあったんだね。

令 和 5 年 度

# 宮崎第一高等学校入学者選抜学力検査問題

（1月25日　第2時限　9時55分～10時40分）

# 社　　　会

## （文 理 科）

（注　　　意）

1．「始め」の合図があるまで，このページ以外のところを見てはいけません。
2．問題用紙は，表紙を除いて17ページで，問題は6題です。
3．「始め」の合図があったら，まず解答用紙に出身中学校名，受験番号と氏名を記入し，次に問題用紙のページ数を調べて，抜けているページがあれば申し出てください。
4．答えは，必ず解答用紙に記入してください。
5．印刷がはっきりしなくて読めないときは，静かに手をあげてください。問題内容や答案作成上の質問は認めません。
6．「やめ」の合図があったら，すぐ筆記用具をおき，問題用紙と解答用紙を別にし，裏返しにして，机の上においてください。

**問題用紙は持ち帰ってかまいません。**

# 社　会　1

1　次の地図を見て，下の問いに答えなさい。

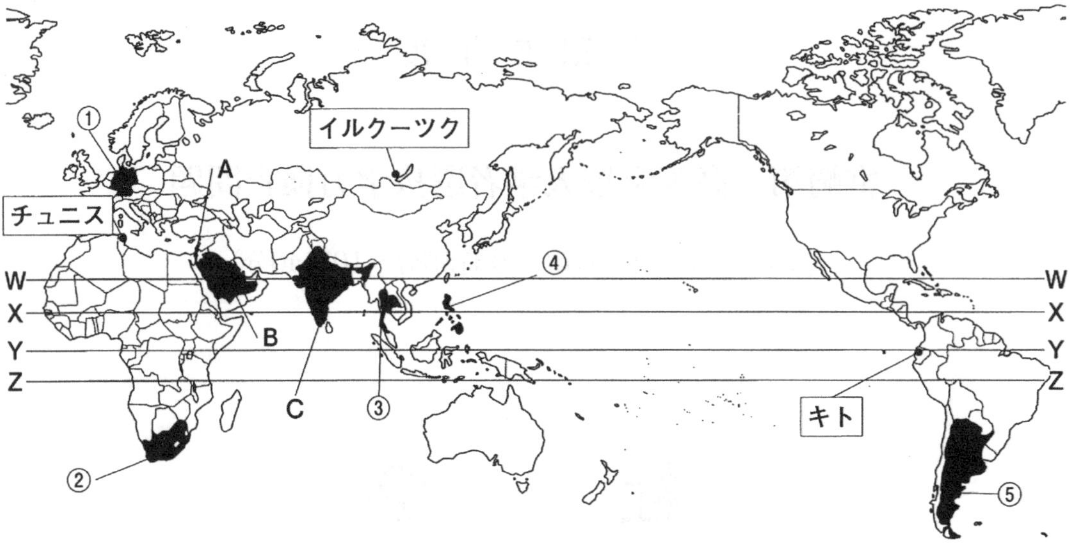


(1)　地図上の線分W～Zのうち赤道と北回帰線に近い線分の組み合わせとして適切なものを①～④より一つ選び，番号で答えなさい。

①　赤道：Y　北回帰線：X　　②　赤道：Z　北回帰線：Y
③　赤道：Y　北回帰線：W　　④　赤道：X　北回帰線：Z

(2)　下の文章ア～オは，地図上の①～⑤の国について説明をした文章である。文章ア～オに該当する国名を答え，さらにその国の位置を地図上の①～⑤から選び，番号で答えなさい。

**ア**　この国は，世界でも有数の工業大国であり特に自動車工業が発達している。東西冷戦期は，国が東西に分裂していた。

**イ**　この国は，パンパとよばれる草原地帯で，小麦やトウモロコシの栽培，牛や羊の放牧が行われている。冷凍船の発明により，牛肉の輸出国としても発展した。

**ウ**　この国は，長期間にわたってアパルトヘイトとよばれる人種隔離政策が実施されていた。鉄鉱石・ダイヤモンドなど鉱産資源が豊富であり，近年急速に工業化が進行している。

**エ**　この国は，大河川チャオプラヤ川流域で米の生産がさかんであり，世界有数の輸出国でもある。近年は日本などの企業の進出で自動車生産がさかんとなっている。

**オ**　この国は，スペイン植民地であったことが影響してカトリックの信者が多い。南部のミンダナオ島ではバナナの生産がさかんであり，日本への輸出量も多い。

⑶　下の図は，地図中のチュニス・イルクーツク・キトの雨温図である。雨温図ア～ウに該当する都市の組み合わせとして適切なものを①～⑥より一つ選び，番号で答えなさい。

ア

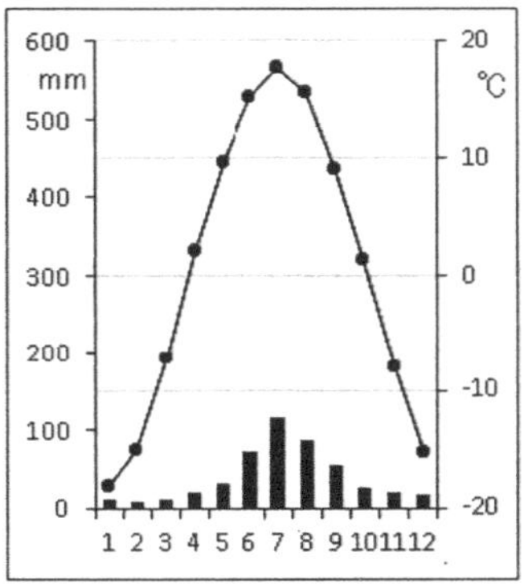


イ

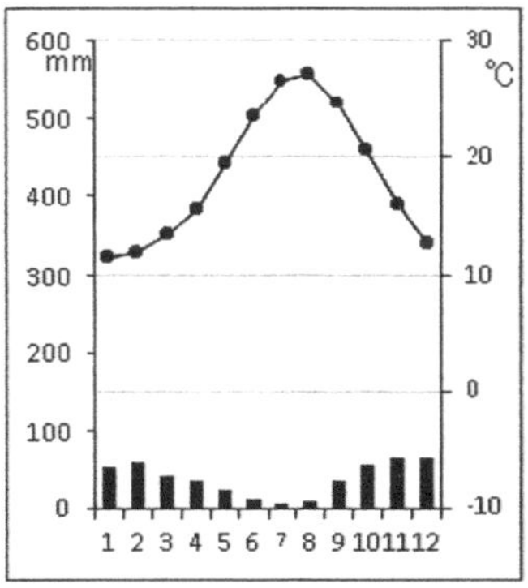


ウ

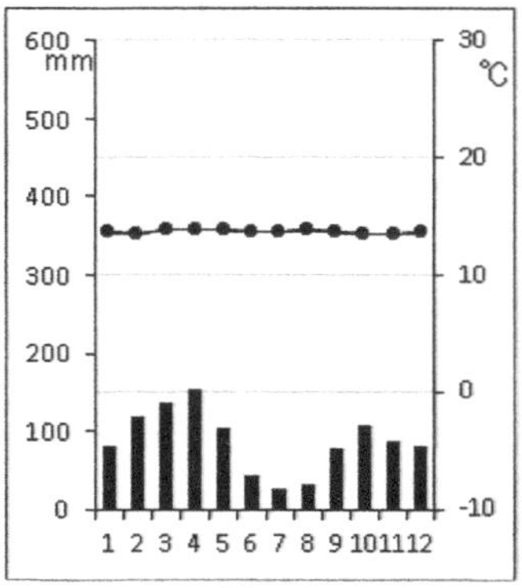


平成26年理科年表ほか

| | ① | ② | ③ | ④ | ⑤ | ⑥ |
|---|---|---|---|---|---|---|
| ア | チュニス | チュニス | イルクーツク | イルクーツク | キト | キト |
| イ | イルクーツク | キト | チュニス | キト | チュニス | イルクーツク |
| ウ | キト | イルクーツク | キト | チュニス | イルクーツク | チュニス |

⑷　下の写真ア～ウは，世界地図中のA・B・Cの国のいずれかで撮られたものである。写真ア～ウとA～Cの国の組み合わせとして適切なものを①～⑥より一つ選び，番号で答えなさい。

ア

イ

ウ

| | ① | ② | ③ | ④ | ⑤ | ⑥ |
|---|---|---|---|---|---|---|
| ア | A | A | B | B | C | C |
| イ | B | C | A | C | A | B |
| ウ | C | B | C | A | B | A |

# 社　会　3

(5) 下の表は，世界の主要なエネルギー資源となっている石炭・原油・天然ガスの産出量と輸入量の上位５カ国及びそれらの国の産出量と輸入量が全体に占める割合をそれぞれ示したものである。これらの表について述べた文章として**誤っているもの**を①～④より一つ選び，番号で答えなさい。

石炭の産出量（万トン）

| 国　名 | 産出量（万トン） | 割合（%） |
|---|---|---|
| 中　国 | 369774 | 54.4 |
| インド | 72872 | 10.7 |
| インドネシア | 54800 | 8.1 |
| オーストラリア | 41093 | 6.0 |
| ロシア | 35861 | 5.3 |

石炭の輸入量（万トン）

| 国　名 | 輸入量（万トン） | 割合（%） |
|---|---|---|
| 中　国 | 28210 | 21.3 |
| インド | 23524 | 17.8 |
| 日　本 | 18372 | 13.9 |
| 韓　国 | 12575 | 9.5 |
| ドイツ | 4482 | 3.4 |

原油の産出量（万トン）

| 国　名 | 産出量（万トン） | 割合（%） |
|---|---|---|
| アメリカ | 60413 | 15.4 |
| ロシア | 52759 | 13.4 |
| サウジアラビア | 48887 | 12.4 |
| イラク | 23148 | 5.9 |
| 中　国 | 19101 | 4.9 |

原油の輸入量（万トン）

| 国　名 | 輸入量（万トン） | 割合（%） |
|---|---|---|
| 中　国 | 46189 | 19.7 |
| アメリカ | 38326 | 16.4 |
| インド | 22650 | 9.7 |
| 韓　国 | 15028 | 6.4 |
| 日　本 | 14921 | 6.4 |

天然ガスの産出量（億㎥）

| 国　名 | 産出量（億㎥） | 割合（%） |
|---|---|---|
| アメリカ | 9548 | 23.4 |
| ロシア | 7499 | 18.3 |
| イラン | 2317 | 5.7 |
| 中　国 | 1775 | 4.3 |
| カナダ | 1767 | 4.3 |

天然ガスの輸入量（PJ＝千兆ジュール）

| 国　名 | 輸入量（PJ） | 割合（%） |
|---|---|---|
| 中　国 | 4680 | 10.2 |
| 日　本 | 2927 | 9.6 |
| ドイツ | 2371 | 7.2 |
| アメリカ | 1939 | 6.8 |
| イタリア | 518 | 5.6 |

2022データブックオブ・ザ・ワールドより作成

① 石炭の産出量は，原油や天然ガスと比較するとアジア諸国での産出量が全体の約７割を占めることがわかる。

② ３つのエネルギー資源の産出量の上位５ヵ国をみると，中国・ロシアなど国土面積の広い国々の多くが上位を占めていることがわかる。

③ ３つのエネルギー資源の産出量と輸入量上位５ヵ国をみると，いずれのエネルギー資源もアフリカや南アメリカ諸国はまったく含まれない。

④ 原油の産出量上位５ヵ国には西アジア諸国が含まれるが，石炭や天然ガスの産出量上位５ヵ国には西アジア諸国は含まれない。

**2** アメリカ合衆国について述べた文章や地図を参考に，下の問いに答えなさい。

アメリカ合衆国は建国以来多くの移民の流入により発展した国である。国土面積と人口はともに世界第３位であり，国土面積約983.4万㎢，人口約3.3億人となっている。国の経済力を示すGDP(国内総生産)は約21.7兆ドルとⓐ世界最大の経済大国として君臨している。

広大な国土を有するアメリカ合衆国の地形を見ていくと，西部にロッキー山脈，東部にアパラチア山脈が南北に走っており，その両山脈間にはグレートプレーンズやプレーリー，中央平原といった平野が広がっており，その平野の中を北米最大の河川である（　ア　）川が南流している。気候についても東西南北に広がる国土を有するためⓑ多様な気候が分布しており，南部に行くにしたがって温暖な気候が分布する。南部の沿岸ではカリブ海などで発生する熱帯低気圧の（　イ　）がたびたび襲来して大きな被害をもたらしている。

アメリカ合衆国では，ⓒ広大な国土とめぐまれた自然を利用して農業が発達し，ⓓ豊富な鉱産資源を利用して工業化が進んだ。農業に関しては，地域により気温や降水量が異なるため，その地域に適した作物を栽培する適地適作を特徴としており，大型の農業機械を利用した大規模農業が展開されている。工業に関しては，従来は五大湖を中心とした北東部で重工業が発展したが，その後情報技術に基づくサービス産業が発展すると，北緯37°以南で温暖な（　ウ　）とよばれる地域でコンピューターやインターネットに関連した情報技術(IT)産業が発達した。アメリカ企業の多くは多国籍企業として積極的に外国で活動しており，隣国のカナダやメキシコとは1994年に締結された（　エ　）(北米自由貿易協定）以来経済的な結びつきを強めている。

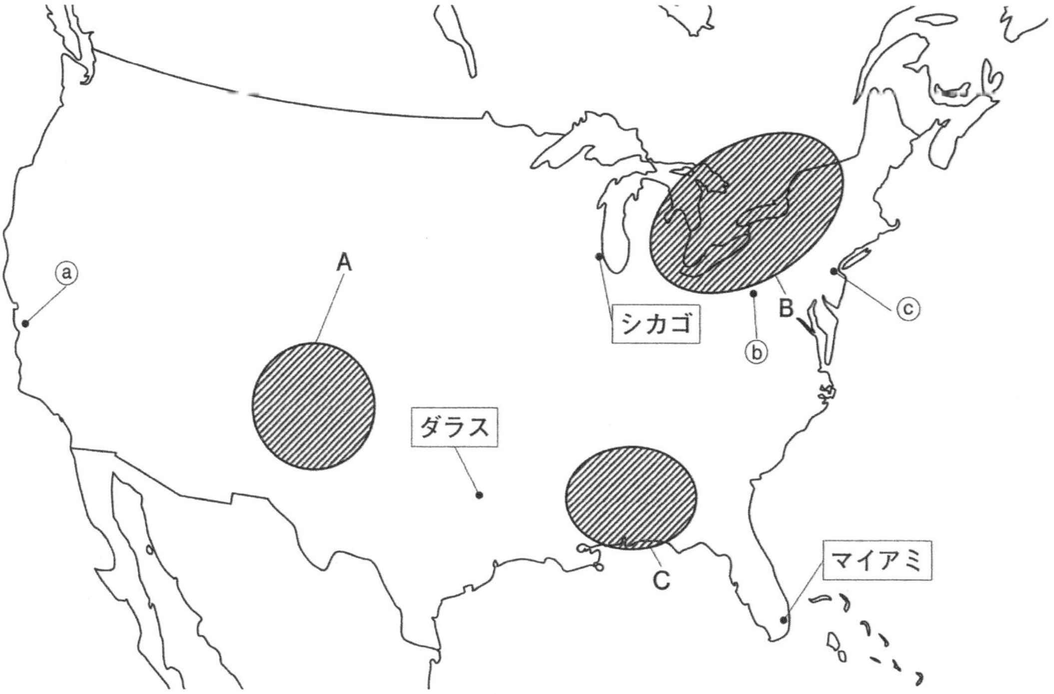


(1) 文中の（　ア　）～（　エ　）に入る適切な語句を答えなさい。なお,（　エ　）はアルファベットで答えなさい。

(2)　下線部ⓐについて，以下の表はアメリカ・EU・日本・中国について，人口や面積などの各種指標についてまとめたものである。表から読み取れることとして**誤っているもの**を①～④より一つ選び，番号で答えなさい。

**表**

| | アメリカ | EU | 日本 | 中国 |
|---|---|---|---|---|
| 人口 | 約 3.3 億人 | 約 5.1 億人 | 約 1.2 億人 | 約 14.3 億人 |
| 面積 | 約 983 万㎢ | 約 437 万㎢ | 約 38 万㎢ | 約 960 万㎢ |
| GDP | 約 21.7 兆ドル | 約 17.1 兆ドル | 約 5.2 兆ドル | 約 11.2 兆ドル |
| 輸出額 | 約 1 兆 4000 億ドル | 約 5 兆 2000 億ドル | 約 6400 億ドル | 約 2 兆 5900 億ドル |

2022データブックオブ・ザ・ワールドなどを参考に作成

①　アメリカのＧＤＰは，EU全体のＧＤＰを上回っており，日本のＧＤＰの約４倍である。
②　ＥＵの輸出額は，アメリカ・日本・中国の輸出額を合わせた額よりも大きい。
③　ＥＵ・アメリカ・日本・中国を合わせた人口は，世界全体の人口の２割以上である。
④　ＥＵと日本を比較すると，ＥＵの方が日本より人口密度が高いことがわかる。

(3)　下の図は，地図中のマイアミ・ダラス・シカゴの雨温図である。雨温図**ア～ウ**に該当する都市の組み合わせとして適切なものを①～⑥より一つ選び，番号で答えなさい。

**ア**

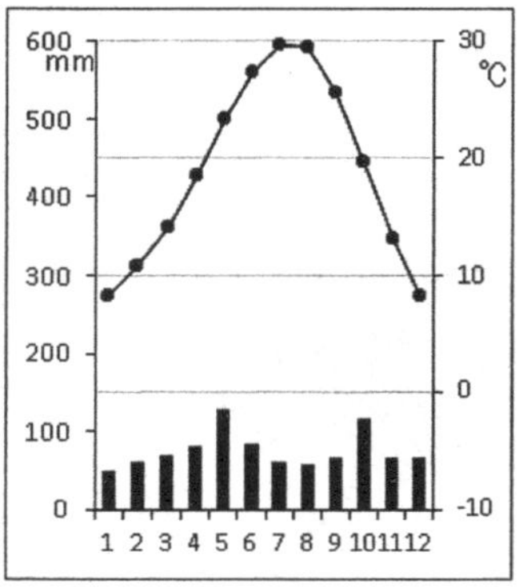


**イ**

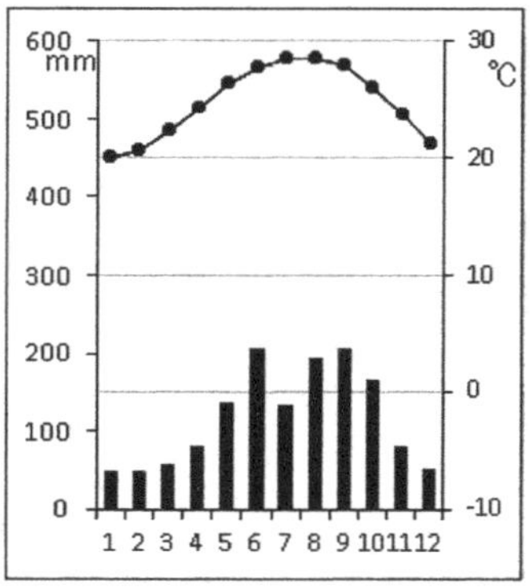


**ウ**

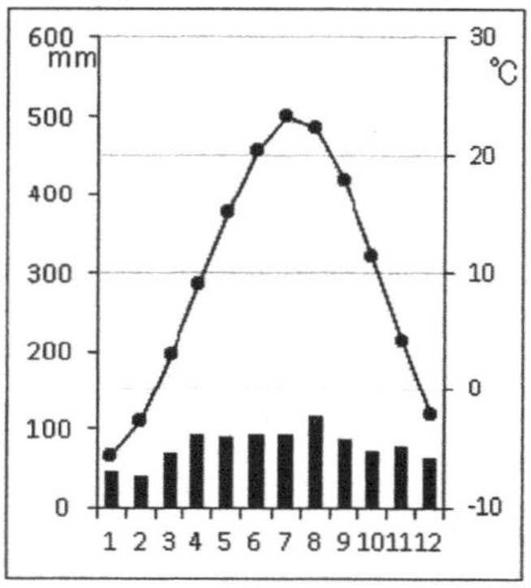


平成26年理科年表ほか

| | ① | ② | ③ | ④ | ⑤ | ⑥ |
|---|---|---|---|---|---|---|
| **ア** | マイアミ | マイアミ | ダラス | ダラス | シカゴ | シカゴ |
| **イ** | ダラス | シカゴ | マイアミ | シカゴ | マイアミ | ダラス |
| **ウ** | シカゴ | ダラス | シカゴ | マイアミ | ダラス | マイアミ |

⑷　下線部ⓒについて，下の文章ア～ウは地図中のA ～ C地域で展開されている農業について述べた文章である。A ～ C地域に該当する文章ア～ウの組み合わせとして適切なものを①～⑥より一つ選び，番号で答えなさい。

ア　この地域は，全体的に降水量が少ないため肉牛の放牧業が発達しており，飼料（エサ）としてのトウモロコシなどを地下水を利用したセンターピボット方式で生産している。
イ　この地域は，温暖な気候のもとで黒人奴隷を利用したプランテーションを起源とした綿花の生産がさかんである。近年は栽培地域が西部へと移動しつつある。
ウ　この地域は，日本の北海道と同様な自然環境を利用して乳牛を飼育する酪農が発達しており，チーズやバターなどの加工業も発達している。

| | ① | ② | ③ | ④ | ⑤ | ⑥ |
|---|---|---|---|---|---|---|
| 地域A | ア | ア | イ | イ | ウ | ウ |
| 地域B | イ | ウ | ア | ウ | ア | イ |
| 地域C | ウ | イ | ウ | ア | イ | ア |

⑸　下線部ⓓについて，下の文章ア～ウは地図中のⓐ～ⓒの都市について述べた文章である。都市ⓐ～ⓒに該当する文章ア～ウの組み合わせとして適切なものを①～⑥より一つ選び，番号で答えなさい。

ア　この都市はニューヨークであり，世界経済の中心都市であり情報が集まりやすいため，出版・印刷業の発達が著しい。
イ　この都市はサンノゼであり，グーグルやアップルなどソフトウェアやインターネット企業が多数集積するシリコンバレーの中心都市である。
ウ　この都市はピッツバーグであり，かつては鉄鋼業が発達して「鉄の都」として栄えたが，近年では情報技術産業など新たな産業が発達している。

| | ① | ② | ③ | ④ | ⑤ | ⑥ |
|---|---|---|---|---|---|---|
| 都市ⓐ | ア | ア | イ | イ | ウ | ウ |
| 都市ⓑ | イ | ウ | ア | ウ | ア | イ |
| 都市ⓒ | ウ | イ | ウ | ア | イ | ア |

3　次の地形図は，山梨県甲府市の一部を示した２万5000分の１の地形図である。この地形図を見て，下の問いに答えなさい。

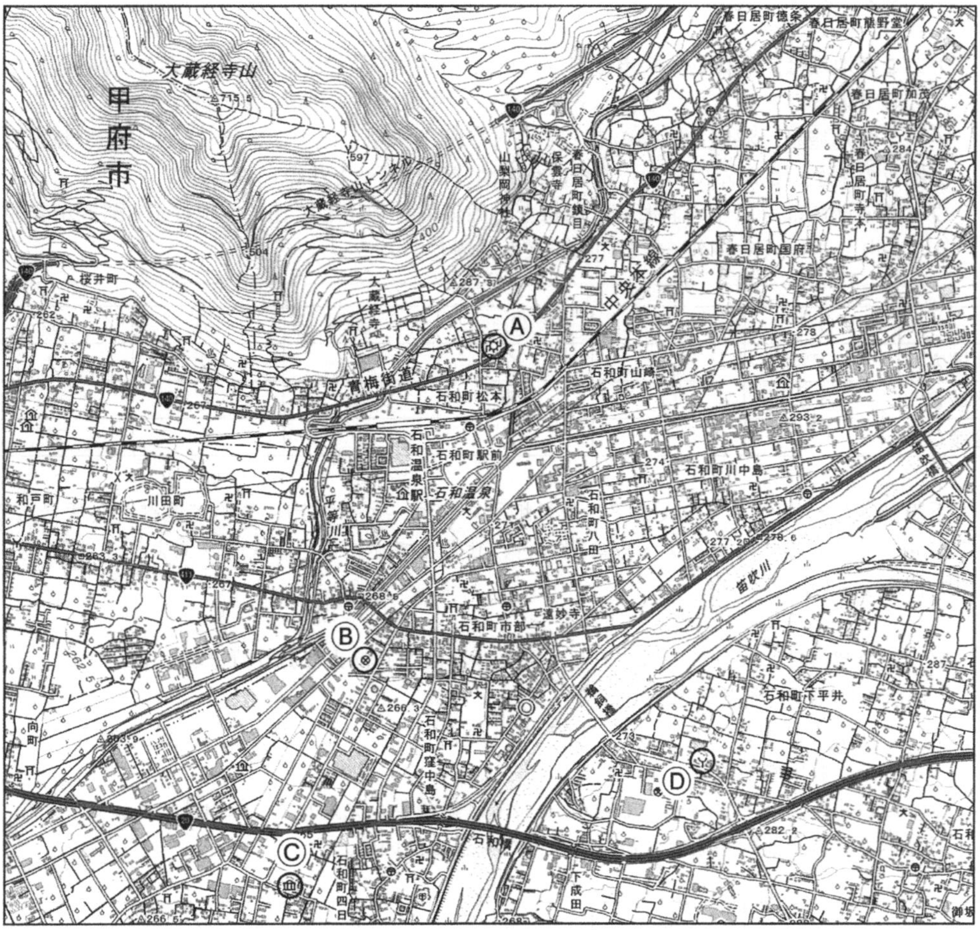

国土地理院　25000分の１地形図　甲府（原寸・一部改変）

(1)　地形図上に示されるⒶ～Ⓓの地図記号は，何を表しているか答えなさい。

⑵ 地形図上でも多く見られるように，山梨県は果樹栽培がさかんな県として知られる。下の写真①～④の中で，特に山梨県での生産量が国内でトップクラスの果樹であるものを①～④より**2つ選び**，番号で答えなさい。

①

②

③

④

⑶ 地形図から読み取れることとして**誤っているもの**を，①～④より一つ選び，番号で答えなさい。

① JR中央本線が北部の青梅街道に概ね並行する形で見られる。
② 市役所から石和温泉駅までは，実際の距離で少なくとも500m以上ある。
③ 地形図上に少なくとも小・中学校が2つ以上，老人ホームが3つ以上見られる。
④ 笛吹川は周辺の標高の関係などから北側へ流れているとわかる。

# 社 会 9

## 4 国内外の戦乱に関連する次のA～Iの文を読んで，下の問いに答えなさい。

A アメリカ合衆国では新しい州で奴隷制を認めるかどうかが問題になり，北部と南部で意見が対立して南北戦争がおこりました。北部・南部ともに多大な被害を出した後，ⓐ北部がこの内戦に勝利し，奴隷の人たちも解放されることになりました。

B 戦いの中を生き延びた武士や，たくましく成長した民衆の心のよりどころとして，ⓑ新しい仏教がおこりました。それらは分かりやすく，難しい修行が不要だったので，多くの人々の心をとらえました。

C 朝廷はⓒ蝦夷と呼ばれる人々を征伐するために，たびたび大軍を送りました。征夷大将軍になった坂上田村麻呂の働きもあって，朝廷の勢力の範囲は広がりました。

D ドイツ・オーストリア・オスマン帝国を中心とする同盟国と，イギリス・フランス・ロシアを中心とする連合国とに分かれて，戦争が始まりました。この戦争では，ざんごう戦で大砲や機関銃が大量に用いられ，ⓓ新兵器も登場しました。

E 長篠の戦いに勝利した織田信長は，その翌年から巨大な天守を持つ城を安土に築きました。信長はその安土の地で，ⓔ楽市・楽座をおこないました。

F 中臣鎌足らとともに大化の改新と呼ばれる改革をおこなった天智天皇の死後，ⓕあとつぎをめぐる戦いに勝って即位した天武天皇は，大きな権力をにぎりました。

G 奈良盆地を中心とする地域に，幾多《いくた》の戦いをへて強大な力をつけていった王と，有力な豪族たちから成る勢力（大和政権）が現われました。王や豪族の墓として大きなⓖ前方後円墳が造られるようになりました。

H 日清戦争直前の時期に，ⓗ当時の日本の外務大臣はイギリスと日英通商航海条約を結び，領事裁判権の撤廃に成功しました。

I 日本はアメリカにガダルカナル島で敗北してから，後退を重ねていきました。またその後，アメリカによってサイパン島が陥落され，当時の内閣が退陣しました。ⓘサイパン島の陥落をきっかけにして，日本本土への空襲が激しくなりました。

(1) 下線部ⓐに関して，北部を勝利に導いたアメリカ合衆国大統領の名前を答えなさい。

(2) 下線部ⓑに関して新しい仏教の中で，座禅によって自分の力でさとりを開こうとする教えを広めた人物とその宗派の組合せとして正しいものを，次の①～④のうちから一つ選び，番号で答えなさい。

① 一遍・時宗　② 栄西・臨済宗　③ 親鸞・浄土真宗　④ 法然・浄土宗

⑶　下線部ⓒに関して，朝廷側が蝦夷征伐の拠点として建設したものに胆沢城がある。この胆沢城の位置として正しいものを，下の地図中の①～④のうちから一つ選び，番号で答えなさい。

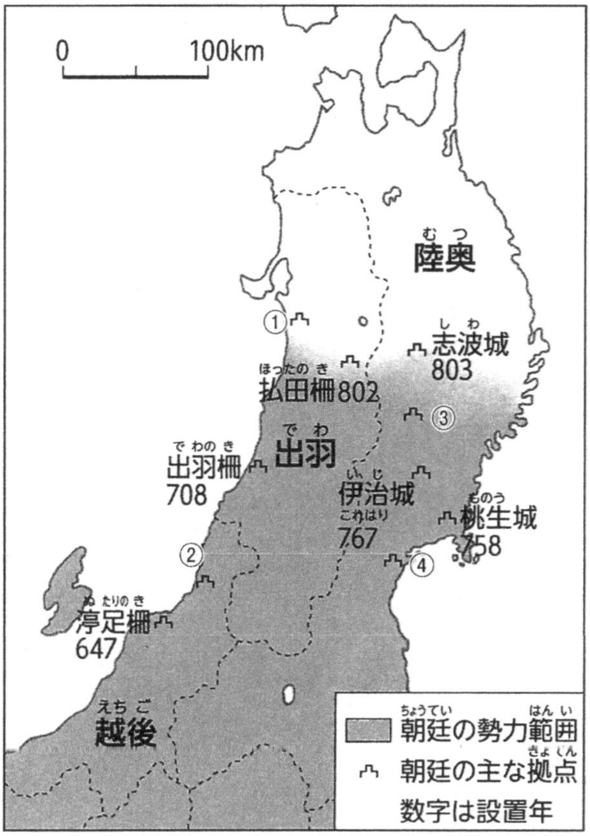


⑷　下線部ⓓに関してこの新兵器として**誤っているもの**を，次の①～⑤のうちから一つ選び，番号で答えなさい。

①　原子爆弾　　②　戦車　　③　潜水艦　　④　毒ガス　　⑤　飛行機

⑸　下線部ⓔに関して，楽市・楽座とは何を目的とした，どのような内容の政策か。目的と内容を，文章で答えなさい。

⑹　下線部ⓕに関して，この戦いを何というか。解答欄に合う形で**漢字二字**で答えなさい。

⑺　下線部ⓖに関して，前方後円墳はどのような形をしていたか。**上空から見た図**を，解答欄に描きなさい。

⑻　下線部ⓗに関して，この外務大臣の氏名を**漢字**で答えなさい。

(9) 下線部ⓘに関して，サイパン島が陥落するとなぜ日本本土への空襲が本格化したと考えられるか。下の地図を参考にして，文章で説明しなさい。

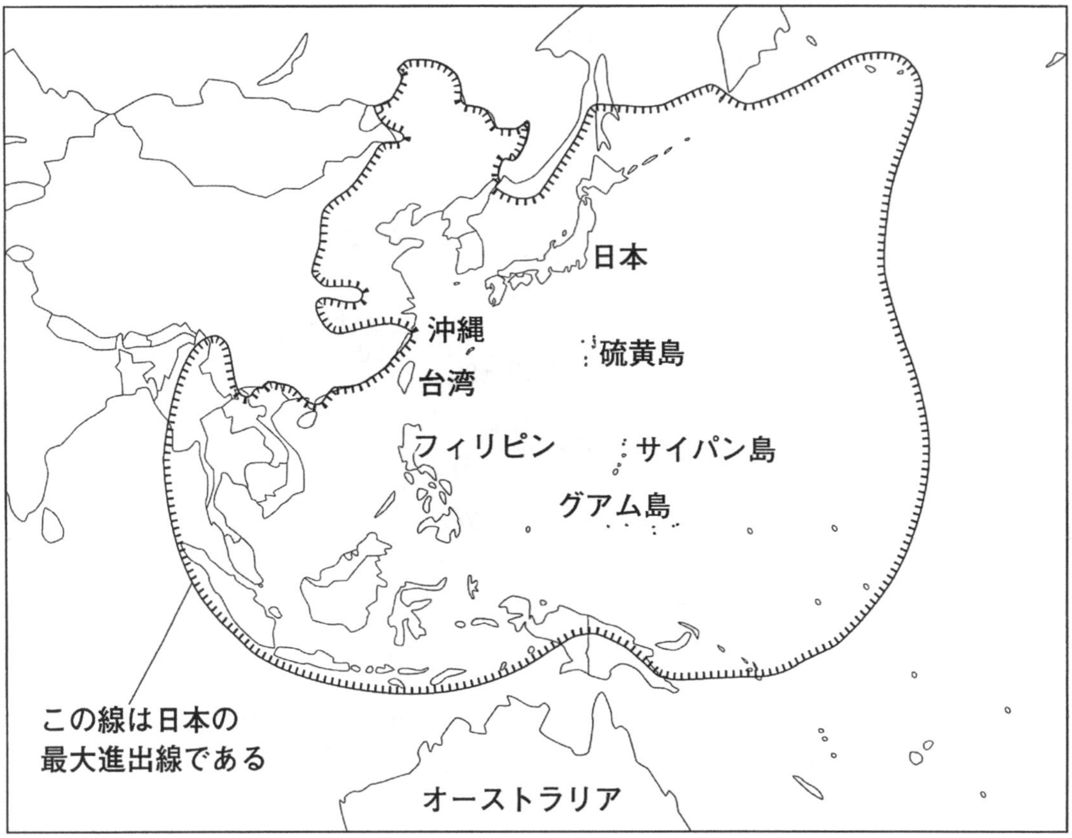


(10) A～Ｉを古い方から順に並び替えなさい。

5　次の文は宮崎第一高校を舞台にした，生徒たちと教員との会話文である。この会話文を読んで，下の問いに答えなさい。

**一男**：先生，僕たち高校２年生の修学旅行の行き先は決まったんですか。

**先生**：まだ正式には決まっていません。ただし，コロナ禍の影響によって，海外ではなく国内の旅行ということだけは決まっています。

**一子**：せっかくだから海外に行きたかったのになあ。私はアメリカやⓐヨーロッパ，ⓑ韓国，台湾など行ってみたいところはたくさんあります。でも，コロナの影響で先輩たちの中には修学旅行自体が無かった人たちもいるから，修学旅行があるだけでも良しとしなくてはいけないのかもしれませんね。

**先生**：それはそうだね。あと，宮崎県外のコースと県内のコースで選択できる形になるようですよ。

**一男**：そうなんですね。僕は県外だったら，断然ⓒ東京を中心としたⓓ関東地方がいいなあ。東京はもちろん，横浜やⓔ鎌倉，ⓕ千葉県にある東京ディズニーリゾートにも行ってみたいです。

**一子**：私は北海道か沖縄に行ってみたいなあ。両方とも食べ物がおいしいというイメージがあります。

**一男**：歴史担当の先生ということを考えると，先生はⓖ京都やⓗ奈良がおすすめなんですか。

**先生**：確かに京都や奈良は世界遺産や国宝，重要文化財などに事欠きませんね。また，少し足をのばせば滋賀県のⓘ彦根城や兵庫県の姫路城，神戸にも行けます。

**一男**：関西圏もいいですね。こういう話をしていると，どこに行くにしてもとても楽しみになってきます。

**一子**：確かに。東北，北陸，中部地方，ⓙ中国地方，四国，宮崎県以外の九州と，どこに行っても魅力的な場所は絶対にありますよね。

**先生**：県内コースで，今まで知らなかった宮崎県の魅力に気づくのも，とても意義のあることです。

(1)　下線部ⓐに関連して，19世紀後半に「鉄血宰相」と呼ばれたある人物のもと，ドイツは統一された。日本の初代内閣総理大臣・伊藤博文も尊敬していたとされる，この人物とは誰か。

⑵　下線部ⓑに関連して，下の地図は５世紀の東アジアを示したものである。５世紀から６世紀にかけて朝鮮半島では高句麗・百済・新羅が勢力を争っていたが，新羅の領土を表しているのはどれか。地図中の①～④のうちから一つ選び，番号で答えなさい。

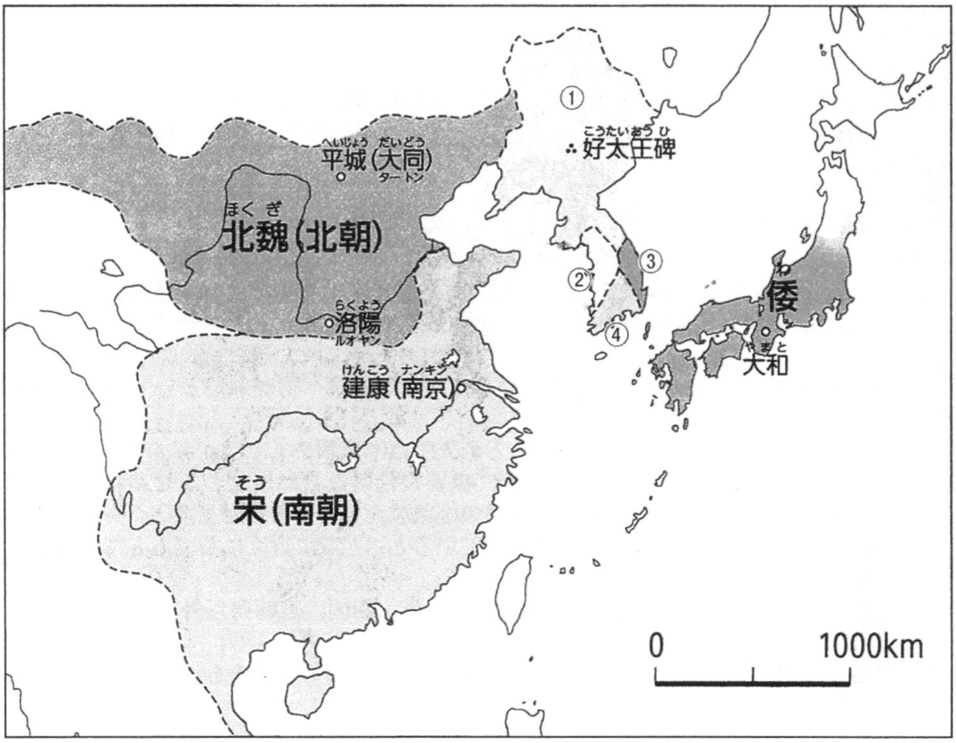


⑶　下線部ⓒに関連して，下の文章は，江戸に幕府がおかれた時代に出された法律の一部（現代語で要約）である。江戸幕府が発布したこの法律の名前を，**漢字五字**で答えなさい。

**文章**

一　学問と武芸にひたすら精を出すようにしなさい。
一　諸国の城は，修理する場合であっても，必ず幕府に申し出ること。新しい城を造ることは厳しく禁止する。
一　幕府の許可なく，結婚をしてはならない。

⑷　下線部ⓓに関連して，10世紀中頃に北関東で周辺の武士団を率いて大きな反乱を起こしたのは誰か。次の①～④のうちから一つ選び，番号で答えなさい。

①　平清盛　　②　平将門　　③　藤原純友　　④　藤原頼通

⑸　下線部ⓔに関連して，鎌倉幕府を滅亡させた後に建武の新政をおこなった天皇を**漢字**で答えなさい。

⑹　下線部ⓕに関連して，佐倉（現在の千葉県）の出身で，19世紀初めに江戸幕府の支援を受けながら全国の海岸線を測量し，正確な日本地図を作った人物がいる。この人物の氏名を**漢字**で答えなさい。

⑺　下線部ⓖに関連して，京都の室町に幕府がおかれた時代には，貴族の文化と禅宗の影響を受けた武士の文化が混じりあった室町文化が生まれた。この時代の文化について述べた文章として，内容が**誤っているもの**を，次の①～④のうちから一つ選び，番号で答えなさい。

① 観阿弥・世阿弥の親子は，猿楽にほかの芸能の要素を取り入れて革新し，幕府の保護を受け，現在まで続く能を大成した。
② 城のふすまや屏風，天井には，狩野永徳などの画家によって，金銀やあざやかな色をつかったきらびやかな絵がえがかれた。
③ 地方の武士や都市の有力者は，寺で子どもに教育を受けさせ，「一寸法師」などの御伽草子と呼ばれる絵入りの物語が盛んに読まれた。
④ 寺から武士へ広がった書院造の住宅では，床の間が設けられ，書・絵画や花がかざられた。

⑻　下線部ⓗに関連して，下の文章は，奈良時代の制度である班田収授法についての説明である。文章中の空欄 X に入る最も適切な語を，**漢字三字**で答えなさい。

**文章**

戸籍に登録された6歳以上の人々には，性別や身分に応じて X があたえられ，その人が死ぬと国に返すことになっていた。

⑼　下線部ⓘに関連して，彦根藩主でもあった江戸幕府の大老・井伊直弼が，1860年に暗殺された事件を何というか。答えなさい。

⑽　下線部ⓙに関連して，中国地方には日宋貿易で大きな利益を得た平氏が，航海の安全を祈って整備した厳島神社がある。厳島神社の所在地として正しいものを，下の地図中の①～④のうちから一つ選び，番号で答えなさい。

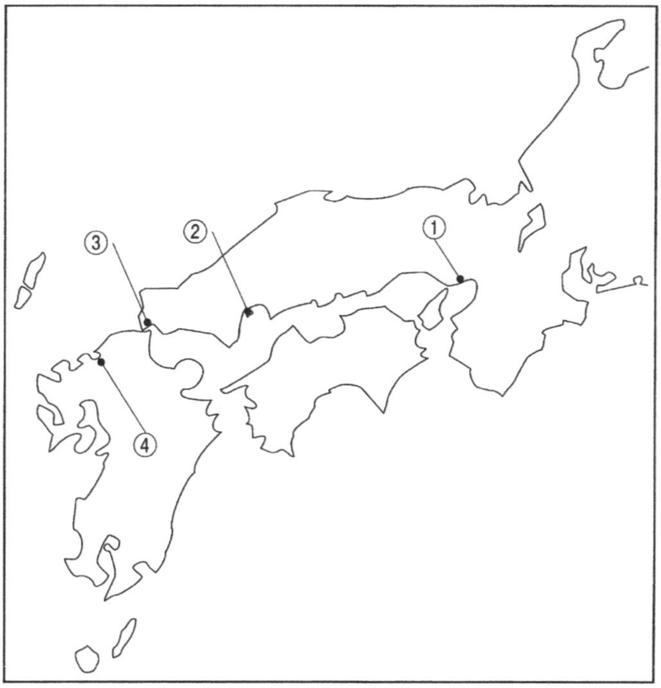

## 6 下の問いに答えなさい。

(1) 内閣の仕事として最も適切なものを，次の①～④のうちから一つ選び，番号で答えなさい。

① 条約の承認　　② 予算の承認
③ 最高裁判所長官の任命　　④ 天皇の国事行為に対する助言と承認

(2) 衆議院が内閣不信任決議を可決した場合，内閣はどのような選択を行いますか。２つとも書きなさい。また，参議院には内閣不信任決議があるか，解答欄のある，なしのどちらかに○をしなさい。

(3) 日本の内閣総理大臣とアメリカの大統領の選出方法の違いを，簡潔に書きなさい。

(4) 日本はアメリカと日米安全保障条約を結んでいる。日米安全保障条約の内容として最も適切なものを，次の①～④のうちから一つ選び，番号で答えなさい。

① 他国がアメリカの領域を攻撃したときには，日本とアメリカが共同で対応する。
② アメリカ軍が日本の領域に駐留することを認めている。
③ 日本と密接な関係にある国が攻撃を受け，日本の存在にも危険がおよび，ほかに適当な手段がない場合，攻撃国に対して必要最小限度の集団的自衛権を行使できる。
④ 核兵器を「持たず，作らず，持ち込ませず」という非核三原則を明文で規定している。

(5) 法律の制定の流れについて最も適切なものを，次の①～④のうちから一つ選び，番号で答えなさい。

① 法律案は各議院の議長に提出するが，国会議員しか提出することができない。
② 法律案は各議院の議長から分野別に国会議員から成る委員会に渡され，くわしく審査される。
③ 法律案は委員会で審査された後，国会議員全員から成る本会議で議決するが，関係者や学識経験者から意見を聴取する公聴会を必ず開かなければならない。
④ 衆議院と参議院の本会議で可決された法律案は，天皇が署名し，すべて主任の国務大臣が連署したのちに，内閣総理大臣が公布する。

(6) 法律の制定について最も適切なものを，次の①～④のうちから一つ選び，番号で答えなさい。

① 法律案は，各議院の出席議員の過半数で議決することができる。
② 法律案は，衆議院から先に審議しなければならない。
③ 法律案は，衆議院と参議院の意見が異なった場合，両院協議会で意見が一致しなかったときや，衆議院で可決された法律案を参議院が受け取ってから30日以内に議決しなかったときには，衆議院の議決が優先されて成立する。
④ 衆議院で可決された法律案が参議院で否決された場合でも，衆議院で出席議員の４分の３以上の賛成で再び可決されたときには，法律になる。

(7)　日本国憲法の第9条に関連して最も適切なものを次の①～④のうちから一つ選び，番号で答えなさい。

①　日本国憲法第９条１項では，陸海空軍などの戦力を持たず，交戦権を認めないと定めている。
②　日本国憲法第９条２項では，国権の発動たる戦争と武力による威嚇又は武力の行使は，国際紛争を解決する手段としては，永久に放棄すると定めている。
③　日本政府は，自衛隊は軍隊ではないと説明している。
④　日本政府は，憲法では「自衛のための必要最小限度の戦力」を持つことは禁止していないと説明している。

(8)　次の図表は，内閣府の「特集　今を生きる若者の意識～国際比較からみえてくるもの～（平成25年度)」から引用したものである。この図表から分かることを一つ簡潔に書きなさい。

図表　自国に役立ちたいという意識と社会参加意識との関係

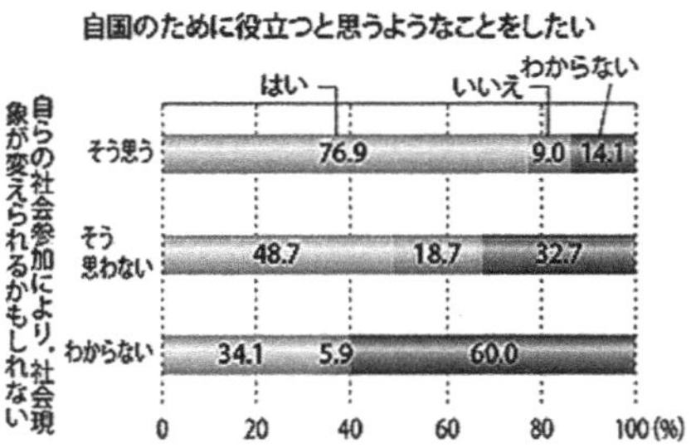


(9)　日本国憲法第96条１項の（　　）に当てはまるものの組み合わせとして最も適切なものを，下の①～⑧のうちから一つ選び，番号で答えなさい。

【日本国憲法第96条１項】
　この憲法の改正は，各議院の（　Ⅰ　）議員の（　Ⅱ　）以上の賛成でこれを発議し，国民に提案してその承認を経なければならない。この承認には，特別の国民投票又は国会の定める選挙の際行はれる投票において，その（　Ⅲ　）の賛成を必要とする。

a　総　　b　出席　　c　過半数　　d　2／3

| | Ⅰ Ⅱ Ⅲ | | Ⅰ Ⅱ Ⅲ |
|---|---|---|---|
| ① | a－c－c | ② | b－c－c |
| ③ | a－c－d | ④ | b－c－d |
| ⑤ | a－d－c | ⑥ | b－d－c |
| ⑦ | a－d－d | ⑧ | b－d－d |

⑽ 次の日本国憲法第20条1項を参照し，この条文から読みとれることとして最も適切なものを下の①～④のうちから一つ選び，番号で答えなさい。

【日本国憲法 第20条1項】
信教の自由は，何人に対してもこれを保障する。
いかなる宗教団体も，国から特権を受け，又は政治上の権力を行使してはならない。

① 政治家個人は，特定の宗教に入ったり，関わったらいけない。
② 政治家個人は，どの宗教に入っているかを聞かれたら，必ず答えなければならない。
③ 宗教団体に入っている人は，国政選挙で投票したらいけない。
④ 国が特定の宗教に補助金をだしてはいけない。

# 令 和 5 年 度

## 宮崎第一高等学校入学者選抜学力検査問題

（1月25日　第3時限　10時50分～11時35分）

# 数　　学

## （文 理 科）

（注　　　意）

1．「始め」の合図があるまで，このページ以外のところを見てはいけません。
2．問題用紙は，表紙を除いて8ページで，問題は5題です。
3．「始め」の合図があったら，まず解答用紙に出身中学校名，受験番号と氏名を記入し，次に問題用紙のページ数を調べて，抜けているページがあれば申し出てください。
4．答えは，必ず解答用紙に記入してください。
5．印刷がはっきりしなくて読めないときは，静かに手をあげてください。問題内容や答案作成上の質問は認めません。
6．「やめ」の合図があったら，すぐに筆記用具をおき，問題用紙と解答用紙を別にし，裏返しにして，机の上においてください。

**問題用紙は持ち帰ってかまいません。**

# 数　学　1

1　次の各問いに答えなさい。

(1)　$\frac{4}{3}\times\frac{1}{6}-\frac{1}{6}\div\frac{4}{3}$ を計算しなさい。

(2)　$\sqrt{10}$ と $2\sqrt{3}$ はどちらが大きいか値を答えなさい。

(3)　$(x+3)(2x+3)+(2x-3)(x+3)$ を計算しなさい。

(4)　$2x^2-8x+8$ を因数分解しなさい。

(5)　2次方程式 $(\sqrt{3}x+5)(\sqrt{3}x-5)=(\sqrt{2}x+4)(\sqrt{2}x-4)$ を解きなさい。

# 数　学　2

**2** 次の各問いに答えなさい。

⑴ 右の表は，あるクラス 40 人の通学時間を調査した結果の度数分布表である。このデータの中央値を含む階級と最頻値をそれぞれ求めなさい。

| 階級(分) | | 度数 |
|---|---|---|
| 0以上 | 20未満 | 5 |
| 20 | ～ 40 | 14 |
| 40 | ～ 60 | 13 |
| 60 | ～ 80 | 7 |
| 80 | ～ 100 | 1 |
| 計 | | 40 |

⑵ 右の図において，$\angle x$，$\angle y$ の大きさを求めなさい。
ただし，点 O は円の中心である。

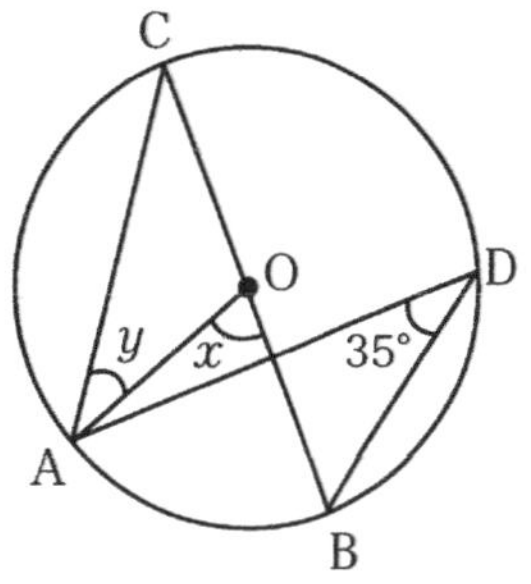


⑶ ある数 $x$ を 3 倍して 1 を加えた数は，その数 $x$ を 2 乗した数に等しい。
もとの数 $x$ を求めなさい。

⑷ 十の位の数が $a$，一の位の数が $b$ である 2 けたの自然数は $10a+b$ と表せる。
各位の数の和は 12 で，十の位と一の位の数を入れ替えると，もとの数より 18 大きくなる。
もとの 2 けたの自然数を求めなさい。

# 数　学　3

3　関数 $y=ax^2$ のグラフ上に2点 A，B があり，点Aの座標は（−2, 2），点Bの $x$ 座標は4である。直線 AB と $y$ 軸との交点をCとするとき，次の問いに答えなさい。

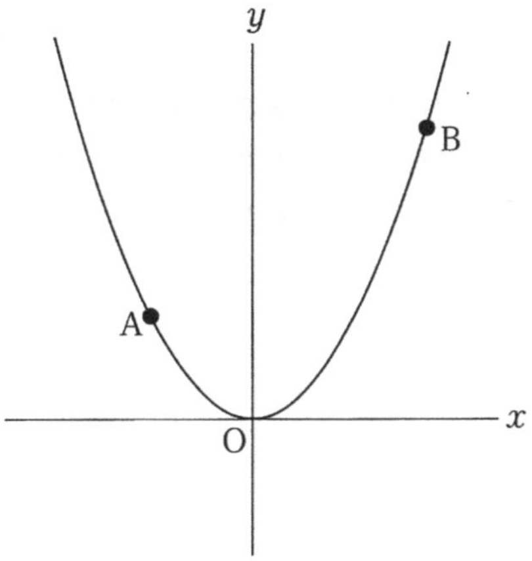


(1)　$a$ の値を求めなさい。

(2)　直線 AB の式を求めなさい。

(3)　△AOB の面積を求めなさい。

(4)　$y = ax^2$ のグラフ上（$0 < x < 4$）の範囲に，△AOB と △APB の面積が等しくなるように点Pをとる。点Pの座標を求めなさい。

(5)　点Cを通り，△BOC の面積を二等分する直線の式を求めなさい。

<計算欄>

4　美樹さんはクリスマスに友人達とプレゼント交換を行う予定である。以下，晴夫先生と美樹さんの会話文を読んで，文中の ア ～ コ に適する値を答えなさい。

美樹「今度，私の家でクリスマス会を行う予定になっていて，その中でプレゼント交換があるのですが，私はある人からのプレゼントが絶対に欲しくてたまりません。その人からのプレゼントがもらえる可能性はどれくらいか気になって仕方ありません。どう考えたら良いでしょうか。」

晴夫「楽しそうですね。プレゼント交換について詳しく教えてください。」

美樹「プレゼント交換は５人で行います。各自１個ずつプレゼントを持ち寄り，どれが誰の持ってきたものか分からない状態にして，１人１個ずつプレゼントを取っていきます。５人全員がプレゼントを取ったら中身を確認して，全員が自分以外の人が持ち寄ったものを取っていれば交換成立です。１人でも自分の持ってきたものを取っていれば交換不成立とし，再度全員のプレゼントを集めて中身が分からない状態に戻して，１個ずつ取っていくということを交換が成立するまで繰り返します。交換が成立すれば，そこでプレゼント交換は終了です。」

晴夫「なるほど。これは具体的に考えていった方が良さそうですね。まずは少ない人数で考えてみましょう。例えばＡとＢの２人でプレゼント交換を行うとすると，交換が成立する場合は何通りありますか。」

美樹「それは簡単です。 ア 通りしかありません。」

晴夫「正解です。ではＡとＢとＣの３人になったらどうでしょうか。交換が成立する場合は何通りありますか。」

美樹「具体的に考えればいいんですよね。ＡはＢかＣの持ってきたものしか受け取れないから…。分かりました。 イ 通りです。」

晴夫「そうです。具体的に考えればすぐに分かりますよね。では４人の場合について考えてみましょう。これも具体的に考えても分かるのですが，５人の場合を考えやすくするために論理的に考えてみましょう。Ａ，Ｂ，Ｃ，Ｄの４人が持ってきたプレゼントをそれぞれａ，ｂ，ｃ，ｄとします。Ａがｂを受け取って交換が成立する場合は何通りありますか。」

美樹「具体的に考えるのではなく，論理的に考えるんですよね。どのように考えたらいいのか分かりません。」

晴夫「ではそれぞれの場合で考えてみましょう。まず，Ａがｂを受け取り，Ｂがａを受け取って交換が成立する場合は何通りありますか。」

美樹「これは簡単です。 ウ 通りしかありません。Ａがｂ，Ｂがａを受け取ると決めてしまえば，残りはＣとＤの交換しかありませんよね。なのですぐに分かりました。」

晴夫「その通りです。『AとBでプレゼント交換が行われれば，後は残った人でプレゼント交換するしかない』というのがとても重要です。では，Aがbを受け取り，Bがaを受け取らずに交換が成立する場合は何通りあるでしょうか。」

美樹「ややこしいですね。Aはbを受け取るんですよね。でも，Bはaを受け取っちゃいけないんですよね。これを論理的に考えるとはどういうことでしょうか。」

晴夫「ここがこの問題の山場ですね。Aはbを受け取ります。Bはaを受け取れないので，この場合のaをb' と表し，Bはb' を持ってきたと考えて，BとCとDの3人で交換を成立させればよいのです。」

美樹「なるほど。そう考えればAがbを受け取り，Bがaを受け取らずに交換が成立する場合は[エ]通りと判断できるので，Aがbを受け取って交換が成立する場合は全部で[オ]通りであることが分かりました。」

晴夫「素晴らしい。では，4人でプレゼント交換が成立する場合は全部で何通りありますか。」

美樹「Aがcやdを受け取って成立する場合も同じだけあると考えられるので，全部で[カ]通りあります。」

晴夫「とてもいい感覚を持っていますね。これで論理的に考える準備が整いました。同じ様に考えて，5人でプレゼント交換が成立する場合は何通りあるか考えてみましょう。」

美樹「分かりました。A，B，C，D，Eの5人がa，b，c，d，eを持ってきたとします。Aがbを受け取りBがaを受け取って交換が成立する場合は，残りの3人で交換を成立させればよいので[キ]通りあります。Aがbを受け取りBがaを受け取らないで交換が成立する場合は，aをb' に置き換えて，B，C，D，Eの4人で交換を成立させればよいので[ク]通りです。よって，Aがbを受け取って交換が成立する場合は全部で[ケ]通りとなり，Aがcやd，eを受け取って交換が成立する場合も同数あると考えられるので，5人でのプレゼント交換が成立する場合は全部で[コ]通りであることが分かりました。」

晴夫「素晴らしい説明です。これで意中の人からのプレゼントが貰える確率も計算できますね。」

美樹「意中の人って…。誰もそんなこと言ってませんからね。このことは他の人には絶対に内緒でお願いします。本日はありがとうございました。」

5 ある日，太郎さんと花子さんのクラスでは，数学の授業で次の**問題**を考えた。

**問題**

下図のように，直線 $l$ に関して同じ側に２点 P，Q がある。点Rが直線 $l$ 上を動くとき，PR+RQ が最小となるのは，点Rがどのような位置にあるときか作図しなさい。

以下，太郎さんと花子さんの会話文を読んで，次の(1)～(3)に答えなさい。

太郎「直線 $l$ に関して点Pと反対側に点Xを ア ようにとろう。」

花子「そうすると イ ＝ ウ が言えるね。」

太郎「PR+RQ を エ ＋ オ と言い換えることが出来るね。」

花子「それなら エ ＋ オ の長さを最小にすればいいから…」

太郎「点Rの位置は カ ですね。」

(1) ア に当てはまる最も適当なものを，次の⓪～④から一つ選びなさい。

⓪ 線分 PQ の垂直二等分線と直線 $l$ の交点に関して，点Pと対称である

① 線分 PQ の垂直二等分線と直線 $l$ の交点に関して，点Qと対称である

② 線分 PQ の垂直二等分線と直線 $l$ の交点に関して，線分 PQ の中点と対称である

③ 直線 $l$ に関して点Pと対称である

④ 直線 $l$ に関して線分 PQ の中点と対称である

(2) イ ～ オ に当てはまるものを次の⓪～④から一つずつ選びなさい。
ただし，同じものを繰り返し選んでもよい。

⓪ PQ　① PR　② PX　③ RQ　④ XR

(3) [カ] に当てはまる最も適当なものを，次の⓪～⑤から一つ選びなさい。

⓪　線分 PX と直線 $l$ の交点

①　線分 QX と直線 $l$ の交点

②　線分 PQ の中点から直線 $l$ に下ろした垂線との交点

③　点 P から直線 $l$ に下ろした垂線と直線 $l$ の交点

④　点 Q から直線 $l$ に下ろした垂線と直線 $l$ の交点

⑤　線分 PQ の垂直二等分線と直線 $l$ の交点

その日の授業の後，次の**宿題**が配られた。

**宿題**

座標平面上に点 A(3，3)，B(2，0) がある。点 P が $y$ 軸上を動くとき，△ABP の周の長さが最小になる点 P の座標を求めなさい。

次の(4)，(5)に答えなさい。

(4) $y$ 軸に関して点 A と対称な点の座標を求めなさい。

(5) 点 P の座標を求めなさい。

# 令 和 5 年 度

## 宮崎第一高等学校入学者選抜学力検査問題

（1月25日　第4時限　12時15分～13時00分）

# 理　　科

# （文理科）

（注　　意）

1．「始め」の合図があるまで，このページ以外のところを見てはいけません。
2．問題用紙は，表紙を除いて11ページで，問題は4題です。
3．「始め」の合図があったら，まず解答用紙に出身中学校名，受験番号と氏名を記入し，次に問題用紙のページ数を調べて，抜けているページがあれば申し出てください。
4．答えは，必ず解答用紙に記入してください。
5．印刷がはっきりしなくて読めないときは，静かに手をあげてください。問題内容や答案作成上の質問は認めません。
6．「やめ」の合図があったら，すぐ筆記用具をおき，問題用紙と解答用紙を別にし，裏返しにして，机の上においてください。

問題用紙は持ち帰ってもかまいません。

# 理　科　1

1　次の【Ⅰ】・【Ⅱ】の問いに答えなさい。

【Ⅰ】 みるくさんとくるみさんは，５月の野外観察の体験授業で宮崎市郊外の水田に出かけた。そこで，みるくさんは水中にいた図１の動物を見つけた。

みるく：この動物はカナヘビみたいな形をしているけど，カナヘビって水の中にいるんだったっけ？

くるみ：これはヤモリだと思うわ。この前，お母さんがうちの塀《へい》にヤモリがいるって言っていたものによく似ているから。

図１

みるく：カナヘビかヤモリかどちらなのか，先生に聞いてみようか。

くるみ：先生に聞く前に，自分たちで調べてみようよ。

くるみさんはデジカメでその動物の写真を撮り，学校に帰ってから図書室の図鑑で調べた。

くるみ：みるくさん，これはカナヘビではなくてイモリではないかしら。カナヘビは陸上で生活すると書いてあるから。

ニホンヤモリ　　アカハライモリ

図２

みるく：そうね，お腹の部分が赤くなっているところなど，デジカメで撮った写真はこの図鑑の図（**図２**）とそっくりだものね。アカハライモリって名前なのね。両生類って書いてあるわ。それで，水の中にいたのね。

くるみ：ついでに，ヤモリについても調べてみようか。

(1) 次の**ア**～**カ**からイモリと同じ両生類に属する動物を２つ選び，以下の①～⑥から正しい組み合わせを含むものを１つ番号で答えなさい。

| | | | | | |
|---|---|---|---|---|---|
| ア | オオサンショウウオ | イ | ナマズ | ウ | ヤゴ(トンボの幼虫) |
| エ | アマガエル | オ | シマヘビ | カ | ワニ |

| | | |
|---|---|---|
| ① ア・エ | ② ア・カ | ③ イ・エ |
| ④ イ・オ | ⑤ ウ・オ | ⑥ ウ・カ |

(2) メダカなどの魚類とイモリなどの両生類の共通点について述べた次の**ア**～**エ**から，誤っているものを1つ選び，記号で答えなさい。

**ア**　どちらも，かたい殻を持たない卵を水中に産む。
**イ**　どちらも，骨と筋肉を持ち，体を動かしている。
**ウ**　どちらも，水中で肺呼吸をする。
**エ**　どちらも，まわりの温度の変化にともなって，体温が変化する。

(3) 次の**ア**～**カ**からイモリの特徴としてふさわしいものを3つ選び，以下の①～⑥から正しい組み合わせを含むものを1つ番号で答えなさい。

**ア**　体表はうろこでおおわれている。
**イ**　体表はうすい皮膚でおおわれている。
**ウ**　子は水中で生活するが，親は主に水辺で生活する。
**エ**　一生を水中で生活する。
**オ**　かたい殻を持つ卵を陸上に産む。
**カ**　寒天質に包まれた卵を水中に産む。

| | | |
|---|---|---|
| ①　ア・ウ・オ | ②　ア・エ・オ | ③　ア・エ・カ |
| ④　イ・ウ・オ | ⑤　イ・ウ・カ | ⑥　イ・エ・カ |

(4) **図1**のイモリを実験室の水槽で飼育するときに，最も気を付けないといけないのはどういうことか。次の**ア**～**エ**から1つ選び，記号で答えなさい。

**ア**　水中に常に十分な酸素を送ってやること。
**イ**　エサは必ず新鮮な生きた小動物を与えること。
**ウ**　水槽内に水につかっていない陸地を作ること。
**エ**　水中にイモリが隠れる水草を植えること。

(5) 上の(3)の**ア**～**カ**からヤモリの特徴としてふさわしいものを選び，下の①～⑥から正しい組み合わせをすべて含むものを1つ番号で答えなさい。

| | | |
|---|---|---|
| ①　ア・カ | ②　イ・エ | ③　ア・オ |
| ④　ア・ウ・オ | ⑤　イ・エ・カ | ⑥　イ・ウ・オ |

(6) 次の**ア**～**キ**の中で，ヤモリに仲間として最も近い動物はどれか。1つ選び，記号で答えなさい。

| | | | |
|---|---|---|---|
| **ア**　ホンドタヌキ | **イ**　ザトウクジラ | **ウ**　ウシガエル | **エ**　カモシカ |
| **オ**　ヤンバルクイナ | **カ**　ジンベエザメ | **キ**　ニホンカナヘビ | |

# 理 科 3

【Ⅱ】 みるくさんとくるみさんは，翌月の体験授業で，宮崎市街地にある学校周辺の公園で図３の植物を見つけた。

くるみ：前から気になっていたのだけど，この植物は最近よく見かけるよね。何て名前なんだろう。

みるく：ハルジョオンとか，ヒメジョオンって言うんじゃない？

くるみ：その名前，聞いたことがあるわ。この花をデジカメで撮っておいて，後でネットで調べてみようか。

図３

くるみさんとみるくさんは，学校に帰ってからネットで検索した。

くるみ：ハルジョオンではなくて，ハルジオンというのが正式な名前みたいね。漢字では「春紫苑」と書くんだって。ヒメジョオンは「姫女苑」って書いてあるわ。漢字の方がまぎらわしくなくていいね。

みるく：ネットの写真や説明を見ると，花弁の形とか，つぼみのつき方とか，違いがよくわかるわね。花だけではなく，全体像を撮っておくことも大事だったということね。でも，この植物はハルジオンで決定ね。もっともっと調べたくなるわ。

くるみ：先生がネットの情報をそのまま信用してはいけないと言っていたけど，これは博物館のホームページなので，間違いないと思うわ。ハルジオンもヒメジョオンも，どちらも被子植物キク科って書いてある。花弁のつくりもキクの花そっくりだし。

みるく：あれ？どちらも北アメリカ原産の植物で，日本の生態系に多大な影響があるとされていて，侵略的［ A ］種ワースト100の中に含まれているそうよ。

(1) 上文中の［ A ］に入る適当な用語を，**漢字**で答えなさい。

(2) 次の**ア**～**カ**から侵略的［ A ］種ワースト100に含まれる植物を１つ選び，記号で答えなさい。

| | | |
|---|---|---|
| **ア** シロツメクサ | **イ** セイヨウタンポポ | **ウ** オオイヌノフグリ |
| **エ** セイタカアワダチソウ | **オ** ムラサキツユクサ | **カ** スズメノカタビラ |

(3) 被子植物というのは「胚珠が子房の中に収まった植物」をいう。これに対して，「胚珠がむき出しになっている植物」のことを何というか。**漢字**で答えなさい。

(4) 次の**ア**～**カ**から被子植物を３つ選び，以下の①～⑥から正しい組み合わせを含むものを１つ番号で答えなさい。

| | | |
|---|---|---|
| **ア** マツ | **イ** スギゴケ | **ウ** サクラ |
| **エ** スミレ | **オ** イチョウ | **カ** ダイコン |

| | | |
|---|---|---|
| ① **ア・エ** | ② **イ・ウ** | ③ **ウ・エ** |
| ④ **ア・カ** | ⑤ **エ・オ** | ⑥ **イ・カ** |

(5) **図３**の写真の一枚のように見える花弁のそれぞれは，実は数枚の花弁がくっついたものである。このような花を何というか。**漢字**で答えなさい。

(6) 次の**ア**～**カ**から上の(5)と同じ花弁のつくりを持つ植物を３つ選び，以下の①～⑥から正しい組み合わせを含むものを１つ番号で答えなさい。

| | | |
|---|---|---|
| **ア** スイトピー | **イ** バラ | **ウ** タンポポ |
| **エ** コスモス | **オ** アブラナ | **カ** ツツジ |

| | | |
|---|---|---|
| ① **ア・ウ** | ② **ア・エ** | ③ **イ・エ** |
| ④ **イ・オ** | ⑤ **ウ・カ** | ⑥ **オ・カ** |

(7) ハルジオンとヒメジョオンは公園のどのような場所でよく見られるか。次の**ア**～**エ**から最も適当なものを１つ選び，記号で答えなさい。

**ア** 公園の中央部など日当たりがよく，よく人から踏まれる場所。
**イ** 公園の周辺部で日当たりは良いが，あまり人が入ることがない場所。
**ウ** 公園の大きい木の下など半日陰になって，涼しくて乾燥した場所。
**エ** 公園の建物の陰など，ほとんど日光が当たらず，じめじめした場所。

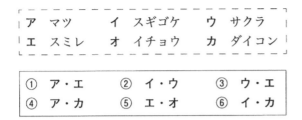

# 理 科 5

2 次の【Ⅰ】・【Ⅱ】の問いに答えなさい。

**【Ⅰ】 次の(1)~(6)の問いに，それぞれ適切な語句または数値で答えなさい。**

(1) ポリエチレンテレフタラート（PET），ポリエチレン（PE），ポリプロピレン（PP），ポリスチレン（PS），ポリ塩化ビニル（PVC）の中で，他に比べ燃えにくく，水に沈むのはどれか。「PET」のように，略記号を用いて答えなさい。

(2) 細かく切った野菜をオキシドール（過酸化水素水）に入れたときに発生する気体は何か。**物質名**で答えなさい。

(3) 水を電気分解したとき，陰極側と陽極側にたまった気体の体積比は，およそ何対何になるか。**最も簡単な整数比**で答えなさい。

(4) ドライアイスの上に点火したマグネシウムを置いてしばらくすると，ドライアイスの上に黒い粉末状の物質が観察された。この黒い物質は何か。**物質名**で答えなさい。

(5) 硫酸に水酸化バリウム水溶液を加え，中和したときに生じる塩は何か。**化学式**で答えなさい。

(6) 充電して使うことができる電池のことを何電池というか。**漢字**で答えなさい。

【Ⅱ】 X，Y，Zからなる混合物8.0（g）に水を加えてろ過をすると，電解質であるZだけが水に溶けた。つづいて，ろ紙に残った固体には実験１および実験２を，ろ液には実験３をおこなった。これについて，あとの問いに答えよ。

なお，X，Y，Zは，銅Cu，酸化銅CuO，塩化銅$CuCl_2$のいずれかであることが分かっている。

また，XからYが生じる反応，あるいはYからXが生じる反応における質量の関係は，右の図で示される。

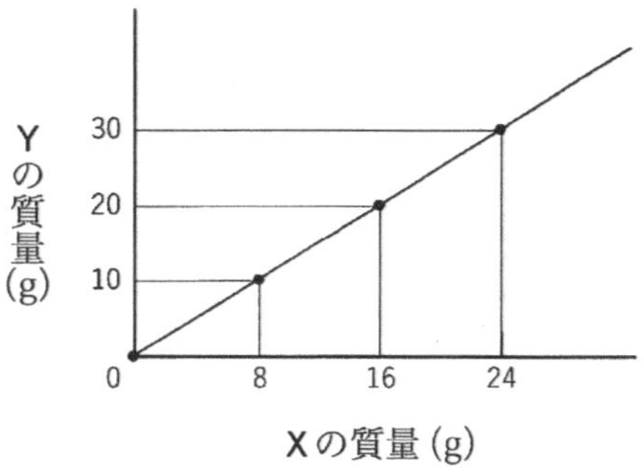


実験１　ろ紙に残った固体に十分な量の酸素を反応させると，Y6.0（g）が得られた。

実験２　実験１で得られたYに十分な量の水素を反応させると，Xが得られた。

実験３　ろ液を電気分解すると,陽極から（　①　）が発生し,陰極に（　②　）が付着した。

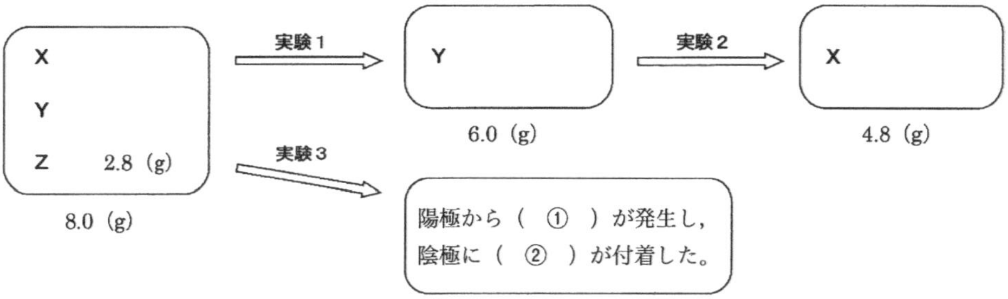


⑴　ZはCu，CuO，$CuCl_2$のいずれの物質と考えられるか。**化学式**で答えなさい。

⑵　**実験３**の結果について，陽極から発生した（　①　）は何か。**化学式**で答えなさい。

⑶　⑵について，陽極から発生した（　①　）の性質としてあてはまるものはどれか。最も適当なものを次の**ア**～**オ**の中から１つ選び，記号で答えなさい。

| | |
|---|---|
| **ア** | 石灰水を白く濁らせる。 |
| **イ** | プールの消毒剤のようなにおいがする。 |
| **ウ** | 赤色リトマス紙を青色に変化させる。 |
| **エ** | 爆発性がある。 |
| **オ** | 助燃性がある。 |

⑷　**実験3**の結果について，陰極に付着した（　②　）は何か。**物質名**で答えなさい。

⑸　**実験2**の結果について，得られた**X**は何gか。最も適当なものを次の**ア**～**オ**の中から1つ選び，記号で答えなさい。

| | | | | |
|---|---|---|---|---|
| ア　1.2 | イ　1.8 | ウ　2.4 | エ　3.0 | オ　4.8 |

⑹　**X**，**Y**，**Z**からなる混合物8.0（g）中における**X**の質量割合は何％か。最も適当なものを次の**ア**～**オ**の中から1つ選び，記号で答えなさい。

| | | | | |
|---|---|---|---|---|
| ア　20 | イ　40 | ウ　50 | エ　60 | オ　80 |

3 次の【Ⅰ】・【Ⅱ】の問いに答えなさい。

【Ⅰ】 下の図のように，直流電源装置や電流計などの実験装置を用いて，導線に流れる電流とU字型磁石による磁力のはたらく空間との関係を調べた。回路に電流を流すと導線が動いた。次の問いに答えなさい。

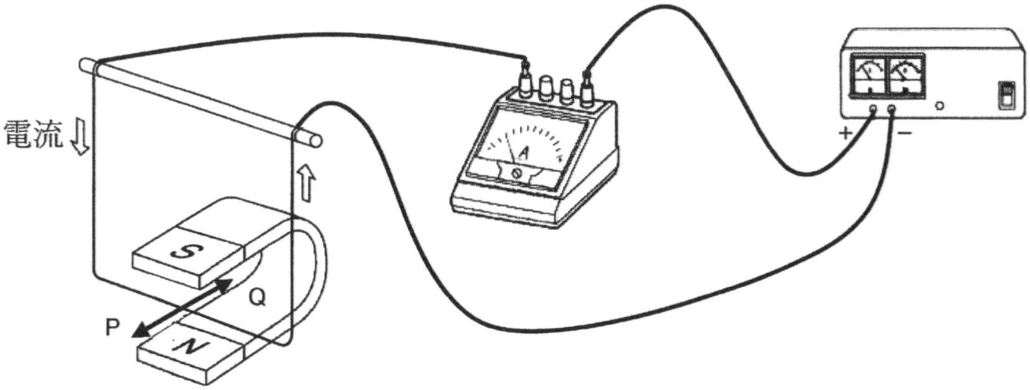


⑴ 磁力のはたらく空間を何というか，漢字で答えなさい。

⑵ ⑴の向きはN極とS極，どちらからどちらの向きか，書きなさい。

⑶ 矢印の向きに電流を流すと，導線の動く向きはどうなるか。次のア～ウから１つ選び，記号で答えなさい。

ア Pの向きに動く　イ Qの向きに動く　ウ 動かない

⑷ 導線に流れる電流の向きはそのままで，U字型磁石を上下逆向きにした場合，導線の動く向きはどうなるか。次のア～ウから1つ選び，記号で答えなさい。

ア Pの向きに動く　イ Qの向きに動く　ウ 動かない

⑸ 導線の動きを大きくするにはどうすればよいか，簡単に答えなさい。

【Ⅱ】 図1のように，たて，横，高さがそれぞれ4cm，5cm，2cmで，質量200gの直方体の物体がある。この物体について，あとの問いに答えなさい。ただし，100gの物体にはたらく重力の大きさを1Nとする。

(1) この物体の密度は何$g/cm^3$か，答えなさい。

(2) 物体の下にスポンジを置き，スポンジを押すはたらきを調べた。A面，B面，C面それぞれを下にしたとき，スポンジのへこみ方が大きい順にA，B，Cの文字を使って並べなさい。

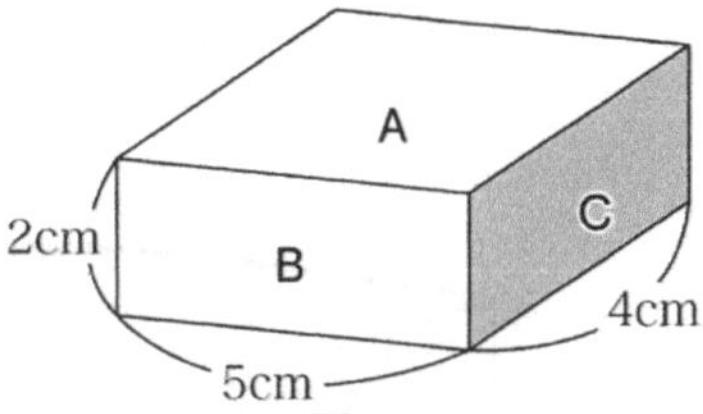

図 1

(3) A面，B面，C面をそれぞれ下にしてスポンジの上に置いたとき，次の①，②について，関係が正しいものはどれか。下のア～キから1つずつ選び，記号で答えなさい。

① スポンジにかかる力の大きさ
② スポンジにはたらく圧力の大きさ

ア　A＝B＝C　　イ　A＝B＞C　　ウ　A＞B＝C　　エ　A＞B＞C
オ　A＜B＝C　　カ　A＝B＜C　　キ　A＜B＜C

(4) (2)で，A面，B面，C面をそれぞれ下にしたとき，スポンジのへこみが一番小さかったときに比べて，へこみが一番大きくなったときは，物体がスポンジに与えた圧力は何倍になるか答えなさい。

(5) スポンジの上で，A面を下にしておいたときと，B面を下にしておいたときで，スポンジに加える圧力を同じにしたい。そのためには，A面を下にしておいた物体を下向きに押すか，上向きに引くかどちらの方法で力を及ぼせばよいか。また，それは何Nの力か，答えなさい。

(6) 100gのおもりをつるすと2cmのびるばねがある。上の図1の直方体の物体にばねをつけて，十分深く水の入った水そうに物体を完全につけてつるした。水の密度を1$g/cm^3$としたとき，ばねののびは何cmになるか，答えなさい。

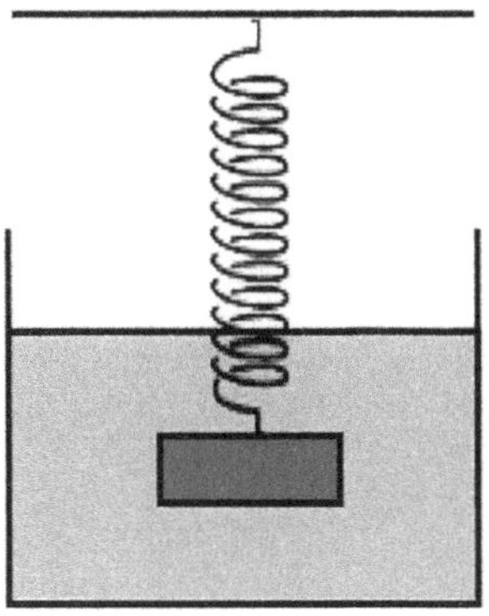

4　次の会話文を読み，あとの問いに答えなさい。

以下は日々演に取り組む，るりさんとふうまさんの会話です。

ふうま：今日の日々演すごく難しいよ。これ見て。

地球から見た満月の視直径は 0.5° になっています。視直径 0.5° の満月とは，天球の地平線からこの満月を 180 個すき間なく並べると，天頂に到達する大きさです。次にあげる数値を用いて，地球から月までのおよその距離（km）を求めなさい。なお，月は地球を中心とした正円軌道上を公転すると考えなさい。
〈月の公転速度　1000 m／秒　　月の自転周期　28 日　　円周率　3.15〉

る　り：本当だね。どこから手を付けたらいいのかわからないね。でも，この『視直径』の意味がわかれば解けそうな気がしない？

ふうま：確かにそうだね…。とは言っても，「天球の地平線からこの満月を180個すき間なく並べる」とか，意味が全くわからないよ。

る　り：問題を解くときには，イメージ化と言い換えが大事！って先生が言ってたよね。とりあえず図を描いてイメージ化しよう（図１）。…観測地点を(ア)こことしたときの天球を描いてみたよ。(イ)地平線から，満月を180個，(ウ)ここまで並べるわけだね。月は180個のうちの２個を大きめに描いたよ。さすがに全部は描けないからね。

図１

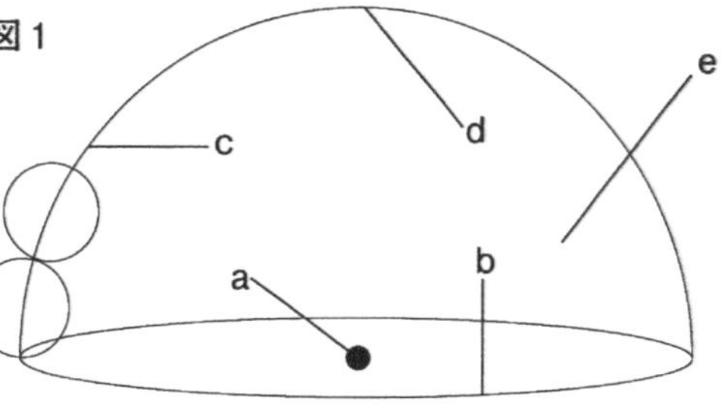


ふうま：なるほど。視直径0.5°の満月というのは，このような月というわけだね。イメージできてきたよ。地球の観測者から見たとき，0.5°という角度で大きさが示されているという事は，視直径0.5°が示す大きさは…改めて図で描いてみると（図２）…(エ)ここじゃないかな！

る　り：きっとそうだよ！さて，ここからどう進めていこうか。

ふうま：数学の問題を解くときの定石として，知りたい所を文字でおくよね。今回は地球から月までの距離を求めようとしているから，(オ)地平線上のこの点からここまでをXとおいてみよう。

図２

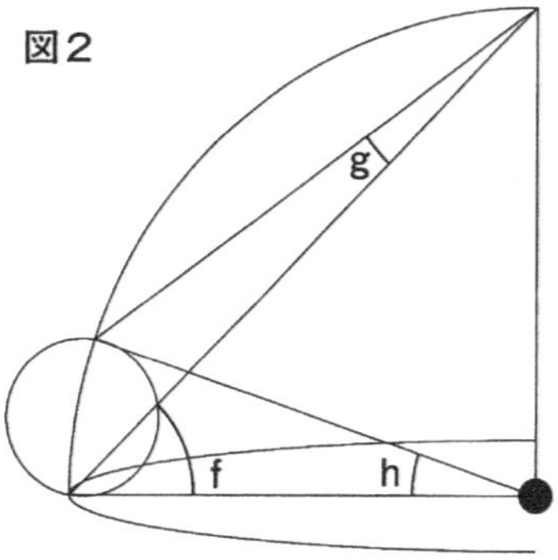


る　り：天の子午線を月の公転軌道の一部と考えたら，X は月の公転軌道の半径と考えられるね。ということは，月の公転距離がXを使った式で求められそうだよ。月の公転距離は（A）だ。

ふうま：公転距離から，月のおよその直径も求められそうじゃない？天の子午線の半分の長さは，公転距離の４分の１に相当するでしょ。この場所に月をすき間なく並べると180個並べられるのだから，月の直径はXを使って表すと（B）だね。それにしても，少ない情報だけど，上手く使えば結構いろんなことがわかるんだね。月の自転周期はどう使うと思う？

る　り：月は【　　　C　　　】から，月の自転周期と公転周期は同じになっているよ。つまり月の自転周期は月の公転周期に言い換えられるよ！

ふうま：なるほど！すごい！もう少しで答えにたどり着けそうな気がする！

(1) 下線部（ア）～（エ）を述べた際に，２人が指し示した場所は**図１**，**図２**中の**a**～**h**のうちのどれか。適当な場所をそれぞれ選び，記号で答えなさい。

(2) 下線部（オ）について，ふうまさんが**X**とおいた直線を解答用紙の図に示しなさい。

(3) 会話文中の空らん（**A**），（**B**）に入る適切な数式を答えなさい。

(4) 会話文中の空らん【　**C**　】に入る，月に関する天文現象を文章で書きなさい。

(5) この日々演の問題の答えを求めなさい。

(6) 日々演の問題に見事正解したるりさん，ふうまさんは先生から追加の課題を出されました。イメージ化，言い換えを行い，次の問いに答えなさい。

| |
|---|
| ある晴れた日の真夜中，南中した月が満月である**確率**（%）を求めなさい。ただし，月食は起きないものとし，真夜中は日没直後から６時間が経過した状態とする。 |

# 令 和 5 年 度

# 宮崎第一高等学校入学者選抜学力検査問題

（1月25日　第5時限　13時10分～13時55分）

# 英　　　語

## （文 理 科）

（注　　　　意）

1．「始め」の合図があるまで，このページ以外のところを見てはいけません。

2．問題用紙は，表紙を除いて11ページで，問題は8題です。

3．「始め」の合図があったら，まず解答用紙に出身中学校名，受験番号と氏名を記入し，次に問題用紙のページ数を調べて，抜けているページがあれば申し出てください。

4．答えは，必ず解答用紙に記入してください。

5．印刷がはっきりしなくて読めないときは，静かに手をあげてください。問題内容や答案作成上の質問は認めません。

6．「やめ」の合図があったら，すぐ筆記用具をおき，問題用紙と解答用紙を別にし，裏返しにして，机の上においてください。

**問題用紙は持ち帰ってかまいません。**

# 英　語　1

1　次の(1)〜(15)の英文の空所に入れるのに最も適当なものを，それぞれあとの選択肢①〜④のうちから１つずつ選び，記号で答えなさい。

(1) (　　　　) you ready to begin?
① Is　② Am　③ Are　④ Do

(2) I (　　　　) rugby yesterday.
① play　② do　③ did　④ played

(3) Reading books (　　　　) my hobby.
① is　② am　③ are　④ do

(4) It is important for (　　　　) to get up early.
① we　② our　③ us　④ ours

(5) I think the mountains are (　　　　) than the sea.
① nice　② good　③ better　④ best

(6) I'm interested (　　　　) classical music.
① on　② for　③ in　④ with

(7) A: I want to travel around Japan by train.
B: (　　　　) fantastic.
① Hears　② Sounds　③ You were　④ It was

(8) A: Could you tell me (　　　　) get to Miyazaki Station?
B: Of course.
① how to　② what to　③ how about　④ what about

(9) Miki, an important person to me, always makes me (　　　　).
① happy　② happily　③ friend　④ friendly

(10) In India, hot lunches are delivered to schools or workplaces (　　　　) fail.
① with　② without　③ inside　④ outside

(11) People have started to see how good sleep (　　　) our work.

① to bed　② while　③ improves　④ makes it better

(12) Basketball was born in the U.S., (　　　) it?

① did　② didn't　③ was　④ wasn't

(13) I went to see a professional basketball game yesterday. It was (　　　).

① amazing　② amazed　③ amazement　④ amazes

(14) Shinji let me (　　　) his computer. He was so kind.

① use　② uses　③ used　④ using

(15) A: Do you want (　　　) more rice, Masaru?

B: No, thank you. I'm full.

① some　② a few　③ many　④ nothing

# 英　語　3

2　次の(1)～(5)の日本文に合うように，[　　　] 内の語句を並べかえなさい。そして，２番目と４番目にくるものの最も適当な組み合わせを，それぞれあとの選択肢ア～エのうちから１つずつ選び，記号で答えなさい。
※ ただし，文頭にくるべき語句も小文字になっています。

(1) あなたは何回イタリアへ行ったことがありますか。
[ have / you / how / times / many ] been to Italy?
_____ _____ _____ _____ _____ been to Italy?
↑２番目　↑4番目
ア many - have　　イ have - many　　ウ times - you　　エ you - times

(2) サラはフランス語で書かれた手紙を読んでいます。
Sarah is [ a letter / in / written / French / reading ] .
Sarah is _____ _____ _____ _____ _____.
↑２番目　↑4番目
ア reading - a letter　　イ a letter - in　　ウ in - written　　エ written - French

(3) マッシュは昨日忙し過ぎて新聞を読むことができませんでした。
Mash was [ read / the newspaper / too / to / busy ] yesterday.
Mash was _____ _____ _____ _____ _____ yesterday.
↑２番目　↑４番目
ア busy - the newspaper　　イ too - to　　ウ busy - read　　エ too - busy

(4) ダラが次の週末どこに行くのか知っていますか。
Do you [ know / is / where / Dala / planning ] to go next weekend?
Do you _____ _____ _____ _____ _____ to go next weekend?
↑２番目　↑４番目
ア know - is　　イ is - planning　　ウ where - is　　エ where - Dala

(5) インターネットより新聞の方が，より良い情報を得ることができます。
[ newspapers / better / information / us / give ] than the Internet.
_____ _____ _____ _____ _____ than the Internet.
↑２番目　↑４番目
ア newspapers - give　　イ better - information
ウ give - us　　エ give - better

3　次の(1)～(5)の英文が表す単語を，それぞれあとの選択肢①～④のうちから1つずつ選び，記号で答えなさい。

(1) You stay here for a short time. There are beds in the room.

① hotel　② house　③ station　④ school

(2) This word means one of your four long thin parts on your hand, not including your thumb. People in America use two of them to wish luck.

① finger　② body　③ head　④ hair

(3) This means the number of people living in the area or country.

① popular　② population　③ famous　④ fame

(4) This means someone who is traveling in a plane, train, or bus, but is not driving it or working on it.

① taxi　② driver　③ passenger　④ customer

(5) You learn this word at elementary school, but it has many meanings. One is to move your legs more quickly than when you walk. Another is to set up a business such as a restaurant or a company.

① make　② eat　③ work　④ run

# 英語 5

4　次の(1)〜(10)の日本文に合うように，空所に入る適語を英語１語で書きなさい。

(1) すぐに医者を呼びます。
I'll call a doctor (　　　　) now.

(2) 私は何冊かの本をイギリスに注文した。
I ordered some books (　　　　) the U.K..

(3) あなたは幽霊の存在を信じますか。
Do you (　　　　) in ghosts?

(4) 喫煙は我々の健康に影響を与える。
Smoking (　　　　) our health.

(5) 昨日は熱がありました。
I had a (　　　　) yesterday.

(6) 誰かが私のカサを持って行った。
Someone has (　　　　) my umbrella.

(7) 今日の新聞によると，イタリアで地震があったようです。
(　　　　) to today's paper, there was an earthquake in Italy.

(8) 歴史を通して，ヨーロッパの人々はチョコレートを多く消費してきた。
Throughout history, people in Europe have (　　　　) a lot of chocolate.

(9) エアコンを消してください。
Turn (　　　　) the air conditioner, please.

(10) もうすぐ春ですね。
Spring is just around the (　　　　).

【令和五年度】

# 国語解答用紙（文理科）

出身中学校

中学校

受験番号

氏名

㊟ 合計欄・小計欄には何も記入しないで下さい。

文字は楷書で丁寧に書いて下さい。

## 一

問一 ㋐ ㋑ ㋒ ㋓ ㋔

問二 ⓐ ⓑ

問三 A B C D

問四 i ii iii iv

問五

問六

問七

一・小計

合計

※100点満点（配点非公表）

4

| | | | |
|---|---|---|---|
| | | | |

| (5) |
|---|
| 目的 |
| 内容 |

| (6) | | (7) | (9) |
|---|---|---|---|
| | の乱 | 前　　　後 | |
| (8) | | | (10) |
| | | | →　→　→　→　→　→　→　→ |

| 小計 | |
|---|---|

5

| (1) | (2) | (3) | (4) | (5) |
|---|---|---|---|---|
| | | | | |

| (6) | (7) | (8) | (9) | (10) |
|---|---|---|---|---|
| | | | | |

| 小計 | |
|---|---|

6

| (1) | (2) | | |
|---|---|---|---|
| | | | ある・なし |

| (3) |
|---|
| |

| (4) | (5) | (6) | (7) |
|---|---|---|---|
| | | | |

| (8) |
|---|
| |

| (9) | (10) |
|---|---|
| | |

| 小計 | |
|---|---|

| | | | | |
|---|---|---|---|---|
| $a=$ | | | P(　　,　　) | |

| 小計 | |
|---|---|

4

| ア | イ | ウ | エ | オ | カ | キ |
|---|---|---|---|---|---|---|
| | | | | | | |
| ク | ケ | コ | | | | |
| | | | | | | |

| 小計 | |
|---|---|

5

| (1) | | (2) | | | | | | | | (3) | |
|---|---|---|---|---|---|---|---|---|---|---|---|
| ア | | イ | | ウ | | エ | | オ | | カ | |

| (4) | (5) |
|---|---|
| (　　,　　) | P(　　,　　) |

| 小計 | |
|---|---|

| II | (5) | (6) |
|---|---|---|
| | | |

| 小計 | |
|---|---|

## 3

| | (1) | (2) | (3) | (4) |
|---|---|---|---|---|
| I | | 極　から　　　極 | | |
| I | (5) | | | |
| I | | | | |

| | (1) | (2) | (3) | |
|---|---|---|---|---|
| II | g/cm$^3$ | →　　　→ | ① | ② |

| | (4) | (5) | | (6) |
|---|---|---|---|---|
| II | 倍 | 向き | N | cm |

| 小計 | |
|---|---|

## 4

| (1) | | | |
|---|---|---|---|
| ア | イ | ウ | エ |
| (3) | | | |
| A | | B | |
| (4) | | | |
| | | | |
| (5) | | (6) | |
| km | | % | |

(2)

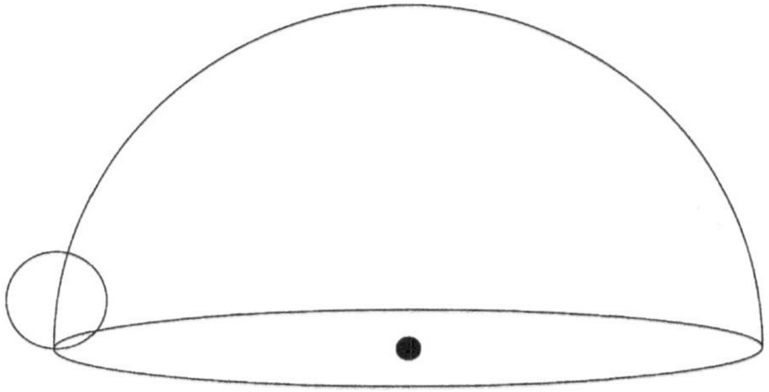

| 小計 | |
|---|---|

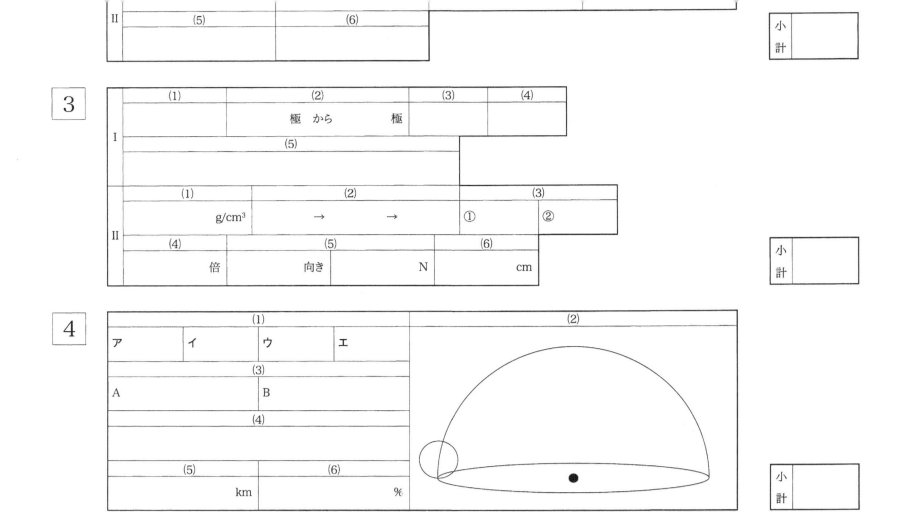

| | | |
|---|---|---|
| 6 | (1) | (2) |
| | (3) | 25 30 |
| | (4) | |
| | (5) | 30 40 |

小計

| | | |
|---|---|---|
| 7 | (1) | |
| | (2) | |

小計

| | |
|---|---|
| 8 | If I were a man like Francisco Xavier, I would |

小計

# （令和５年度）英　語　解　答　用　紙（文理科）

| 出　身<br>中学校 | 中学校 | 受験番号 | | 氏名 | |
|---|---|---|---|---|---|

㊟　合計欄・小計欄は記入しないでください。

| 合計 | ※100点満点<br>（配点非公表） |
|---|---|

| 1 | | | | | | | | | | |
|---|---|---|---|---|---|---|---|---|---|---|
| | (1) | (2) | (3) | (4) | (5) | (6) | (7) | (8) | (9) | (10) |
| | (11) | (12) | (13) | (14) | (15) | | | | | |

| 小計 | |
|---|---|

| 2 | | | | | |
|---|---|---|---|---|---|
| | (1) | (2) | (3) | (4) | (5) |

| 小計 | |
|---|---|

| 3 | | | | | |
|---|---|---|---|---|---|
| | (1) | (2) | (3) | (4) | (5) |

| 小計 | |
|---|---|

| 4 | | | | |
|---|---|---|---|---|
| | (1) | (2) | (3) | (4) |
| | (5) | (6) | (7) | (8) |
| | (9) | (10) | | |

| 小計 | |
|---|---|

【解答

（令和5年度） 理　科　解　答　用　紙 （文理科）

| 出身中学校 | 中学校 | 受験番号 | | 氏名 | |
|---|---|---|---|---|---|

| 合計 | ※100点満点（配点非公表） |
|---|---|

㊟　合計欄・小計欄は記入しないで下さい。

**1**

| | (1) | (2) | (3) | (4) |
|---|---|---|---|---|
| I | | | | |
| | (5) | (6) | | |
| | | | | |
| II | (1) | (2) | (3) | (4) |
| | 種 | | 植物 | |
| | (5) | (6) | (7) | |
| | 花 | | | |

| 小計 | |
|---|---|

**2**

| | (1) | (2) | (3) | (4) |
|---|---|---|---|---|
| I | | | ： | |
| | (5) | (6) | | |
| | | | | |

【解答

# （令和5年度）数学解答用紙（文理科）

| 出身中学校 | 中学校 | 受験番号 | | 氏名 | |
|---|---|---|---|---|---|

㊟　合計欄・小計欄は記入しないで下さい。

| 合計 | ※100点満点（配点非公表） |
|---|---|

〔注意〕①　答えを分数で書くときは，約分した形で書きなさい。

②　答えに√を含む場合は，√の中を最も小さい正の整数にしなさい。

③　円周率は$\pi$とする。

**1**

| (1) | (2) | (3) | (4) | (5) |
|---|---|---|---|---|
| | | | | $x=$ |

| 小計 | |
|---|---|

**2**

| (1) | | | | (2) | | (3) | (4) |
|---|---|---|---|---|---|---|---|
| 階級 | ～ | 最頻値 | | $\angle x=$　° | $\angle y=$　° | $x=$ | |

| 小計 | |
|---|---|

【解答

（令和5年度）**社　会　解　答　用　紙**（文理科）

| 出身中学校 | 中学校 | 受験番号 | | 氏名 | |
|---|---|---|---|---|---|

㊟　合計欄・小計欄は記入しないで下さい。

| 合計 | ※100点満点（配点非公表） |
|---|---|

1

| (1) | (2) | | |
|---|---|---|---|
| | ア | イ | ウ |
| | | | |

| (2) | | (3) | (4) | (5) |
|---|---|---|---|---|
| エ | オ | | | |
| | | | | |

| 小計 | |
|---|---|

2

| (1) | | | |
|---|---|---|---|
| ア | イ | ウ | エ |
| | | | |
| (2) | (3) | (4) | (5) |
| | | | |

| 小計 | |
|---|---|

3

| (1) | | | |
|---|---|---|---|
| Ⓐ | Ⓑ | Ⓒ | Ⓓ |
| | | | |
| (2) | (3) | | |
| | | | |

| 小計 | |
|---|---|

【解答

## 二

問一
㋐ えた
㋑ き
㋒
㋓
㋔ い

問二
X
Y

問三
① もしも　かもしれない。
② もしも　かもしれない。

問四

問五
40

問六

二・小計

## 三

問一
ⓐ
ⓑ

問二
①
②

問三
Ⓐ
Ⓑ
Ⓒ
Ⓓ

問四
35

問五

問六

三・小計

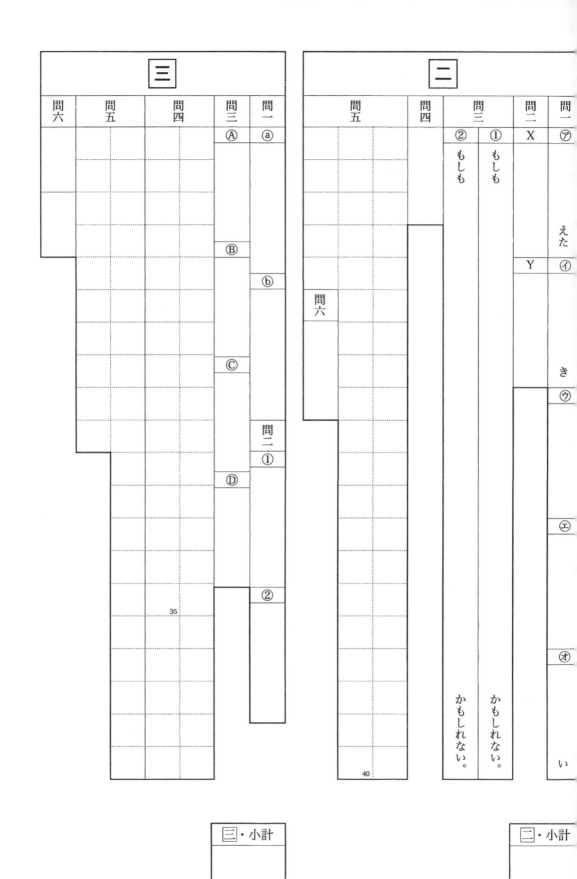

5 日本に短期留学中の小学5年生である双子のトム(Tom)とジュディ(Judy)が，あるウェブサイト（英語版）の【広告】を見ながら話をしています。【2人の対話】をもとに，あとの(1)〜(4)の問いに答えなさい。

【広告】

## Daiichi Tennis Club Notice

A spring camp will be held for young tennis players.
This three-day camp is from May 3 to 5, and it is for students in grades 3 to 6.

| | | |
|---|---|---|
| Times: | 9:00 a.m. — 11:30 a.m. | Grades 3 and 4 |
| | 1:00 p.m. — 3:30 p.m. | Grades 5 and 6 |
| Fee: | $30 | |
| | Everyone will receive a free camp towel. | |
| Place: | Daiichi Junior High School Tennis Court | |

Students should arrive 10 minutes before their starting time. On the last day of the camp, a professional tennis player, Jeffrey Amoako, will come to teach the students.

To join, please e-mail Masaru Fujita by April 28.

camp-info@daiichitennis.org

# 英　語　7

【2人の対話】

Tom: Hey, Judy. Do you know anything about Daiich Junior High School?

Judy: Yes. It's famous for its school bus. I've seen some students getting on the bus before. But why did you ask?

Tom: Take a look at this website. It says there will be a three-day camp for young tennis players. As you know, (1) I really like the way they practice in this country.

Judy: So, you want to join the event?

Tom: Yes. And I think this will be a good chance for you to try something new, Judy. If you want to start a new sport, I'm sure you'll like tennis. Let's go together!

Judy: Oh, OK. If you say so, I'll give it a try. What time shall we leave home on that day?

Tom: Do you think we can go there by bike?

Judy: Yes, but it'll take about thirty minutes by bike.

Tom: So we must leave home by ( ② ).

Judy: OK. Sounds like a plan!

Tom: And the website says every student who joins the camp will ( ③ ).

Judy: Fantastic! I can't wait.

(1) 下線部(1)の内容から判断できる内容として最も適当なものを，あとの選択肢ア～エのうちから1つ選び，記号で答えなさい。

ア Tomは，日本の武道が気に入っている。

イ Tomは，日本と自分の出身国は似ていると思っている。

ウ Tomは，この国の道は実用的だと思っている。

エ Tomは，日本におけるスポーツの練習方法が気に入っている。

(2) 空所②に入れるのに最も適当なものを，あとの選択肢ア～エのうちから1つ選び，記号で答えなさい。

ア 8：20

イ 8：30

ウ 12：20

エ 12：45

(3) 空所③に入れるのに最も適当なものを，あとの選択肢ア～エのうちから1つ選び，記号で答えなさい。

ア start practice in the morning

イ play tennis with Masaru Fujita every day

ウ run for 10 minutes after practice

エ get a free towel

(4) 【広告】や【2人の対話】の内容と一致するものとして最も適当なものを，あとの選択肢ア～オのうちから2つ選び，記号で答えなさい。(順不同)

ア Tomは初め，【広告】に掲載されているイベントに参加することに消極的である。

イ Jeffrey Amoako先生が，生徒を引率する予定である。

ウ イベントの参加申し込みは，メールにて4月下旬までに済ませる必要がある。

エ プロのテニス選手が指導に来るのは，4月28日である。

オ Judyは新しいスポーツに挑戦する気になった。

6　つぎの英文はEmma（エマ）とSophie（ソフィー）の話である。本文を読み，あとの問いに答えなさい。

Emma met Sophie on the first day of junior high school. They sat next to *each other in the classroom and became best friends. Emma was a (1)<u>bookworm</u> and always read several books at the same time. Sophie was an artist and loved drawing pictures. They respected each other. They were both the "(　②　) type" and spent many hours during lunch and after school talking about books and art.

Then something happened before the high school entrance examinations. Emma wanted Sophie to enter the same high school as her, but Sophie chose a different one. So, they spoke less and less, and by their graduation, they did not speak to each other very much. They went their own ways.

About three years later, Emma was a high school student, and looking for a job. She just spent a day at *a job fair. Emma and her friend Jeff sat down at a cafeteria in the center, and then she noticed Sophie there. Sophie was also looking for a job.

"You're not going to believe (3)<u>this</u>," Emma said to Jeff in a soft voice. "I've just noticed someone who I haven't seen since junior high school."

"Why don't you go and say hi?" Jeff said.

"(　④　). Sophie and I had some trouble in our friendship. And I'm too tired now."

"I see," Jeff said.

A month later, Emma visited another job fair. When she walked into the center, Sophie was there!! Their eyes met, and Sophie spoke to Emma.

"Oh, my gosh, Emma!" Sophie said excitedly.

"Sophie, what a surprise! It's been a long time since I saw you last." Emma felt bad because she knew that she had a chance to talk to Sophie a month before. But she said, "Hi, how have you been?"

That simple question solved everything. Emma and Sophie were again on the same *wavelength. Though they talked for just 10 minutes or so, they felt a special friendship as they had on their first day of junior high school.

Later that day, Emma kept thinking about Sophie. "Perhaps we should get together," Emma said to herself. "Meeting her twice at job fairs wasn't an accident. Everything happens for a reason. It's destiny.

注釈）*each other 互いに　　*a job fair 就職説明会　　*wavelength 波長

⑴ 本文中で用いられている下線部(1)の意味として最も適当なものを，あとの選択肢ア〜ウのうちから1つ選び，記号で答えなさい。

ア 本をむしばむ虫

イ 読書家

ウ 昆虫に関して詳しい人

⑵ 空所②に入れるのに最も適当なものを，あとの選択肢ア〜エのうちから1つ選び，記号で答えなさい。

ア quiet

イ quit

ウ quilt

エ question

⑶ 下線部⑶が表す内容を，25字程度の日本語で具体的に説明しなさい。ただし，句読点も字数に含めます

⑷ 空所④に入れるのに最も適当なものを，あとの選択肢ア〜エのうちから1つ選び，記号で答えなさい。

ア Yes, please

イ How about I don't

ウ Why not

エ No

⑸ 2度目の就職説明会（ job fair ）でSophieに話しかけられた時，なぜEmmaは後ろめたい気持ちになったのか。その理由を，40字程度の日本語で説明しなさい。ただし，句読点も字数に含めます。

7　次の⑴，⑵の日本文を，英語になおして書きなさい。

⑴　僕はかなづちなんだ。

⑵　彼は顔が広いよ。

8　もしあなたがフランシスコ・ザビエル（スペイン出身のキリスト教宣教師）のように，外国に何かを普及させることができる立場であったら，日本の何を海外に広めたいですか。40語以上の英語で，下の与えられた書き出し文に続く形で書きなさい。
※ 与えられた書き出し文や記号は指定字数に含まない。

【書き出し文】
If I were a man like Francisco Xavier, I would

令 和 4 年 度

宮崎第一高等学校入学者選抜学力検査問題

（1月26日　第1時限　9時00分～9時45分）

# 国　　語

## （文 理 科）

（注　　　意）

| |
|---|
| 1．「始め」の合図があるまで、このページ以外のところを見てはいけません。 |
| 2．問題用紙は、表紙を除いて12ページで、問題は3題です。 |
| 3．「始め」の合図があったら、まず解答用紙に出身中学校名、受験番号と氏名を記入し、次に問題用紙のページ数を調べて、抜けているページがあれば申し出てください。 |
| 4．答えは、必ず解答用紙に記入してください。 |
| 5．印刷がはっきりしなくて読めないときは、静かに手をあげてください。問題内容や答案作成上の質問は認めません。 |
| 6．「やめ」の合図があったら、すぐに筆記用具をおき、問題用紙と解答用紙を別にし、裏返しにして、机の上においてください。 |

**問題用紙は持ち帰ってかまいません。**

# 国語　1

## 一　次の文章を読んで、後の問いに答えなさい。（作問の都合上、原文の一部を変更しています。）

「グローバル化した世界では、どんな地域も相互依存の網の目の中にありますから、地球の反対側であっても、どこかで何かが起こったら、その影響は相互依存のつながりをたどって※伝播《でんぱ》し、備えをしていない地域に大きな打撃を与えることも考えられます。そういった事態を㋐カイヒすることができないとしたら、地域はどのような『備え』をしておくべきなのでしょうか」。これは、数年前に出版した『レジリエンスとは何か――何があっても折れないこころ、暮らし、地域、社会をつくる』（東洋経済新報社）に書いた文章です。

レジリエンスとは、「外的な衝撃にも、ぽきっと折れてしまわず、しなやかに立ち直る強さ」のことです。いつ何が起こるかわからないという、不確実で不安定な時代を生きていくためには、個人にとっても組織や地域、社会にとっても、レジリエンスが大事です。

しばらく前から、世界では生態系や心理学の分野をはじめ、教育、子育て、防災、地域づくり、温暖化対策など、様々な分野で「レジリエンス」の重要性が注目され、「レジリエンス向上」のための取り組みが展開されるようになってきました。しかし、私たちの暮らしや地域、社会のレジリエンスは強まるどころか、弱まってきているように思えます。

レジリエンスの観点で最も恐ろしいのが「衰退※ループ」です。これは、何らかの理由でⓐ潜在的な回復力そのものが弱まっているところに、外部からの衝撃がやってくると、衝撃に耐えることができず、ますます回復力（レジリエンス）を失っていくという悪循環のこと。この衰退ループにスイッチが入ってしまうと、加速度的に弱化し、最終的には立ち直れずに衰退してしまうという恐ろしい状況を生み出します。今回のコロナ危機は、私たちが気づかないうちに様々な「衰退ループ」に入っていたことをⓑあぶり出したと言えるでしょう。

コロナ危機で明らかになった衰退ループの一つは、「多様性の低下」だと思っています。これまで、目先の効率を優先するあまり、多様性をどんどんそぎ落としてきました。効率を上げるためには、「多様性は減らしたほうがよい」からです。（　A　）、ホテルも様々なお客さんに対応するよりも、※インバウンドだったらインバウンドに特化したほうが効率的です。農家も一種類の換金作物に特化したほうが、効率的に利益が得られます。（　B　）、平時には効率的で㋑リジュンの大きなやり方が定着します。

（　C　）、こういった「短期的には効率的であっても多様性を失ったやり方」は、今回のように「何かが起った」ときには※脆弱《ぜいじゃく》です。椅子にたとえるとわかりやすいでしょう。椅子は三本の脚があれば成り立ちますが、三本足の椅子は脚が一本折れると倒れてしまいます。でも、椅子の脚が四本、五本、六本とたくさんあれば、一本か二本グラグラしても倒れることはありません。他方、椅子の脚が多ければ多いほど、平時には、むだが多く、［X］効率的だと見られます。そうして、平時には、①椅子の脚をどんどん減らしてしまうのです。

これからのまちづくりを考える上で、「短期的な効率」だけでなく、「中長期的なレジリエンス」もしっかり考え、両者のバランスのとれたまちにしていく必要があります。（　Ｄ　）、地域に対する衝撃は、今回のコロナ危機で最後ではないからです。今回明らかになった衰退ループに「②喉元《のどもと》を過ぎたから」と目をつぶってしまうと、ますます衰退していき、③次の衝撃はもっと厳しいものになってしまうでしょう。

今回のコロナ危機は新たな難題を地域や社会に突きつけています。※リーマンショックや東日本大震災も、日本社会や地域をゆるがす大きな衝撃でした。しかしそれらは、ある一瞬の衝撃が加えられ、そこから復興・回復期が数年かそれ以上にわたって続くという性質のものでした。

それに対して、今回のコロナ危機は、危機自体が一瞬で終わるものではなく、数カ月も、場合によっては数年も続きます。その間に、短期的な危機だったら持ちこたえられた組織や地域、社会も回復力を㋒損なわれ、衰退ループが回り始め、その後の復興や回復をより困難なものにしてしまいます。しかも、このような感染症の世界的な蔓延《まんえん》（パンデミック）は今後も繰り返し生じると考えられています。私たちはどのように備えればよいのでしょうか？

（　中略　）

今回のような感染症の危機がハリケーンのように頻繁に来てもらっては困りますが、万一の場合には、どうやってソーシャル・ディスタンシングを行えばよいか、何に気をつけるべきなのか、どういう行動は良くて、何はいけないのか、学校に登校できない間はどうやって学習を続ければよいのか（大人の場合は、どうやって仕事を続ければよいのか）など、平時から「防災教育」と「防災訓練」をしておくことで、次なるパンデミックにも対応力が高い状態で臨めるでしょう。

それと同時に、これも『レジリエンスとは何か』に書いたように、それぞれの地域が、「食料が輸入できなくなったら？」「エネルギーの輸入が難しくなってきたら？」「輸入や長距離輸送のコストが増大していったら？」「円が使えなくなったら？」「雇用が消えていくとしたら？」という、今後想定される状況に対する想像力をたくましくして考えておく必要があります。その状況がやってきてから対応を考えるのではなく、家庭と地域の「自給力」を高めるなどの取り組みを平時から進める必要があります。特に食料とエネルギー、雇用とお金については㋓必須です。

そして、危機が去って平時に戻ると、レジリエンスの重要性は忘れられ、また短期的な効率を優先しがちになります。そうならないために、「自分たちのまちのレジリエンス指標」を作っておくとよいでしょう。自分たちにとってのレジリエンスをどう定義するかをみんなでしっかり考えて、その㋔進捗を測る指標を作っておくのです。そうすれば、短期的なお金に関する指標だけを最大化しようとするのではなく、「効率は少し落ちるけど、レジリエンスもある程度確保できるこの線でいこうね」というような判断ができるようになります。危機の

# 国語 3

直後はみんな痛い思いをしているので考えるのですが、数年経つと、またレジリエンスを考えに入れない地域に後戻りしがちです。そうならないように、歯止めを掛けておくことです。

『レジリエンスとは何か』で紹介している※トランジション・イニシアティブの「地域のレジリエンス指標」には、「食料自給率」「エネルギー自給率」「生活必需品の地元生産率」「地域住民がその地域で雇用されている割合」などが挙げられています。つまり、いろいろな意味で、④自分たちの足で立てる地域になっているかどうかがレジリエンスを左右するのです。

（枝廣淳子『好循環のまちづくり！』岩波新書 より）

※伝播……………………伝わり、広まること。
※ループ…………………繰り返すこと。「ループ」は英語で「輪形のもの」を表す。
※インバウンド…………外国人が訪れて来る旅行のこと。また、その旅行客のこと。
※脆弱……………………もろくて弱いこと。
※リーマンショック……二〇〇八年、アメリカの投資銀行リーマン・ブラザーズが破綻し、それを機に広がった世界的な金融危機のこと。
※トランジション・イニシアティブ……脱石油型社会へ移行（Transition）し、レジリエンスのあるコミュニティの構築を目指す運動のこと。

問一　═線㋐～㋔の漢字は平仮名に、カタカナは漢字に直しなさい。

問二　〰線ⓐ・ⓑの意味として最も適切なものを下のア～エの中からそれぞれ選び、記号で答えなさい。

ⓐ 潜在的
- ア　内面に存在するさま
- イ　明らかに存在するさま
- ウ　両者の間に存在するさま
- エ　同時に存在するさま

ⓑ あぶり出した
- ア　そそのかして物事を前に進めた
- イ　必要に迫られて事実を告知した
- ウ　隠された事実などを明らかにした
- エ　分からなかったことを理解した

問三　（　A　）～（　D　）に当てはまる語を次のア～オの中からそれぞれ選び、記号で答えなさい。

ア　なぜなら　　イ　しかし　　ウ　こうして　　エ　あるいは　　オ　例えば

問四　X　に当てはまる語を漢字一字で答えなさい。

問五　――線①「椅子の脚をどんどん減らしてしまう」とは、どういうことの比喩ですか。本文の表現を使って十五字程度で答えなさい。

問六　――線②「喉元を過ぎた」は、あることわざを引用したものですが、「喉元を過ぎる」の意味することを具体的に表現している部分を本文から十字程度で抜き出しなさい。

問七　――線③「次の衝撃はもっと厳しいものになってしまう」とありますが、それはなぜですか。次の文の(1)(2)に指定された字数で適切な表現を入れなさい。ただし、(2)は「回復力」「耐える」の二語を必ず入れること。

(1)（二十字以内）　地域は、　(2)（二十五字以内）　から。

問八　――線④「自分たちの足で立てる」とありますが、自分たちの足で立つためにはどうしたらよいのか、端的に表現している箇所を、本文から十五字以内で抜き出しなさい。

問九　本文の内容に合致するものを次のア～エの中から一つ選び、記号で答えなさい。

ア　人びとはコロナ禍以前から、危機に対する回復力を失う衰退ループに入っていることをはっきりと自覚していた。

イ　危機が襲ったときは多様性があった方がよいが、平時には効率を重視し、利益を得ることを第一に考えたほうがよい。

ウ　リーマンショックや東日本大震災という衝撃は一瞬だったため、社会のレジリエンスによってごく短期間で復興した。

エ　危機に備えるためには、効率や利益を多少犠牲にしても、レジリエンスを確保することを優先するべきである。

## 二 次の文章を読んで、後の問いに答えなさい。

中学生の太二《たいじ》が所属しているテニス部では、一年生部員が昼休みに全員で「グーパーじゃんけん」をして、少なかった方がコート整備をするという慣例があった。ある日、末永が集合に遅れた。末永は手を抜くことが多く、他の部員に迷惑をかけるときもあった。すると、武藤がこっそり周りと示し合わせて、末永一人が負けになるように仕向けた。このような行為は部で禁じられていたが、とっさのことに太二はそのたくらみに加わってしまった。

父の麻婆《マーボー》豆腐でおなかはいっぱいになったものの、グーパーじゃんけんをおわらせるアイディアはおもいつかなかった。テニス部の連絡網はわたされていたので、いっそのこと中田さんに話してしまおうと、ぼくは携帯電話を開いた。

しかし、キャプテンに直談判《じかだんぱん》して当番制にかえてもらったとしても、それなら誰がチクったのだろうと、一年生部員のあいだに不信感が生まれてしまう。やはり自分たちで解決するしかないと覚悟を決めて携帯電話を閉じたが、どうすればいいのかはわからなかった。

「神様、雨を降らせて、明日の朝練を中止にしてください」

寝るまえに三度も祈ったのに、いつもと同じ午前六時に目覚まし時計に起こされて雨戸を開けると、空はよく晴れていた。一階では母が朝ごはんのしたくをしていて、父は母が帰ってくるまえに仕事に行ったという。

「学校でなにかあったの？　おとうさんがメールをくれて、太二のことを心配していたから、おかあさん早引けしてきたのよ」

夜勤のときは午前八時で交替だったとおもいだし、ぼくは母にあやまった。

「心配させてごめん。でも、なんでもないんだ。おかあさんは、きょうは休み？」

「夜勤あけだから、あさっての朝まで家にいるわよ」

「そうなんだ」と答えながら、今夜は父と母がそろっているのだとおもうと、①やるだけのことはやってやろうと気合いがはいった。母がつくってくれたベーコンエッグとトーストの朝ごはんを食べて、ぼくはラケットを背負い、かけ足で学校にむかった。

朝練では、一年生対二年生の対抗戦をする。シングルマッチで一ゲームを取ったほうの勝ち。四面のコートに分かれて、合計二十四試合をして、白星の多い学年はそのままコートで練習をつづける。負けた学年は球拾いと声だしにまわる。

力試しにはもってこいだが、二年生との実力差は大きくて、これまで一年生が勝ち越したことはなかった。武藤や末永でも三回に一回勝てるかどうかで、久保は一度も勝ったことがない。ぼくは勝率五割をキープしていたが、団体戦に出場するレギュラークラスには歯が立たなかった。ただし、一度だけ中田さんから※金星をあげたことがある。※ベースラインでの打ちあいに持ちこんで、ねばりにねばって長いラリーをものにした。誰が相手であれ、きのうからのモヤモヤを吹き払うためにも、ぼくはどうしても勝ちたかった。

ところが、やる気とは裏腹に、ぼくは一ポイントも取れずに負けてしまった。武藤や末永もサーブがまるで決まらず、※ダブルフォールトを連発して自滅。久保も、ほかの一年生たちも、手も足も出ないまま二年生にうち負かされて、これまでにない早さで勝負がついた。

「どうした一年。だらしがねえぞ」

キャプテンの中田さんに命じられて、ぼくたちはグラウンドを走らされた。いつも先頭をきっているので、みんなの姿を見ずに走るのはなれていたが、今日だけは武藤や末永や久保がどんな顔でついてきているのか、気になってしかたがなかった。

誰もが、きのう末永をハメたことを後悔しているのだ。足を止めて、一年生全員で話しあいをして、昼休みのコート整備を当番制にかえてもらうようにキャプテンに頼もうと言いたかったが、おもいきれないまま、ぼくはグラウンドを走りつづけた。

「よし、ラスト一周。ダッシュでまわってこい」

中田さんの声を合図に全力㋐シッソウとなり、ぼくは最後まで先頭を守った。

「ボールはかたづけておいたからな。昼休みのコート整備はちゃんとやれよ」

八時二十分をすぎていたので、ネットのむこうは登校する生徒たちでいっぱいだった。武藤に、まちがっても今日はやるなよとⓐ釘を刺しておきたかったが、息が切れて、とても口をきくどころではなかった。

ラケットを持って四階まで階段をのぼりながら、ぼくは武藤と話さなくてよかったとおもった。ぼくが武藤を呼びとめていたら、ほかの一年生はぼくたちがなにを話しているのかと、気になってしかたがなかったにちがいない。武藤ではなく、久保か末永を呼びとめていても同じ不安が広がっていたはずだ。冷静に考えれば、きのうのことは一度きりの悪だくみとしておわらせるしかないわけだが、疑いだせばきりがないのも事実だった。

もしかすると、みんなは今日も末永をハメようとしていて、自分だけがそれを知らされていないのかもしれない。もしかすると、きのうのしかえしに、末永がなにかしかけようとしているのかもしれない。もしかすると、二、三人の仲の良い者どうしでもうしあわせて、たとえ負けてもひとりにはならないように安全策をこうじているのかもしれない。

ウラでうちあわせ可能な手口がつぎつぎ頭にうかび、これはおもっている以上に㋑厄介だと、ぼくは頭を悩ませた。

やはりキャプテンの中田さんに助けてもらうしかない。そうおもったが、それをおもいとどまったのは、きのうから今日にかけて、一番きついおもいをしているのは末永だと気づいたからだ。末永以外の一年生部員二十三人は、自分が㋒カタンした悪だくみのツケとして不安におちいっているにすぎない。それに対して末永は、今日もまたハメられるかもしれないという恐れをかかえながら朝練に出てきたのだ。

最終的に中田さんに頼むとしても、まずはみんなで末永にあやまり、そのうえで相談するのがⓑ筋だろう。

そう結論したのは、三時間目のおわりぎわだった。おかげで授業はまるで頭にはいっていなかったが、ぼくはようやく自分のするべきことがわかった気がした。そこでチャイムが鳴り、トイレに行こうと廊下に出ると、武藤が顔をうつむかせてこっちに歩いてくる。

「よお」

「おっ、おお」

武藤はおどろき、気弱げな笑顔をうかべた。そんな姿は見たことがなかったので、もしかすると自分から顧問の浅井先生かキャプテンの中田さんにうちあけたのではないかと、ぼくはおもった。たっぷり怒られるだろうが、それでケリがつくならかまわなかった。

それなら、昼休みには浅井先生か中田さんがテニスコートに来るはずだ。

給食の時間がおわり、ぼくはテニスコートにむかった。しかし集まったのは一年生だけだった。ぼくは落胆するのと同時に②自分の甘さに腹が立った。

いつものように二十四人で輪をつくったが、誰の顔も緊張で青ざめている。末永にいたっては、歯をくいしばりすぎて、こめかみとあごがぴくぴく動いていた。いまさらながら、ぼくは末永に悪いことをしたと反省した。

しかしこんな状況で、きのうはハメて悪かったと末永にあやまったら、どんな展開になるかわからない。武藤をはじめとするみんなからは、よけいなことを言いやがってとうらまれて、末永だって怒りのやり場にこまるだろう。

だから、一番いいのは、このままふつうにグーパーじゃんけんをすることだった。うまく分かれてくれればいいが、偶然、グーかパーがひとりになる可能性だってある。ハメるつもりがないのに、末永がまたひとりになってしまったら、事態はこじれて㋓シュウシュウがつかなくなる。

みんなは青ざめた顔のまま、じゃんけんをしようとしていた。どうか、グーとパーが均等に分かれてほしい。

こぶしを顔の横に持ってきたとき、ぼくの頭に父の姿がうかんだ。一緒にテニススクールに通っていたころ、父は試合で会心のショットを決めると、応援しているぼくたちにむかってポーズをとった。ぼくや母も、同じポーズで父にこたえた。

「グーパー、じゃん」

かけ声にあわせて手をふりおろしたぼくはチョキをだしていた。本当はVサインのつもりだったが、この状況ではどうしたってチョキにしか見えない。ぼく以外はパーが十五人でグーが八人。末永はパーで、武藤と久保はグーをだしていた。

ぼくが顔をあげると、むかいにいた久保と目があった。

「③太二、わかったよ。おれもチョキにするわ」

久保はそう言ってグーからチョキにかえると、とがらせた口から息を吐いた。

「なあ、武藤。グーパーはもうやめよう」

久保に言われて、武藤はくちびるを隠すように口をむすび、すばやくうなずいた。そして、武藤は握っていたこぶしから人差し指と中指を伸ばすと、ぼくにむかってその手を突きだした。

武藤からのＶサインをうけて、ぼくは末永にＶサインを送った。末永は自分の手のひらを見つめながらパーをチョキにかえて、輪のなかにさしだした。

「明日からのコート整備をどうするかは、放課後の練習のあとで決めよう。時間もないし、今日はチョキがブラシをかけるよ」

そう言って、ぼくが道具小屋にはいると、何人かの足音がつづいた。ふりかえると、久保と武藤と末永のあとにも四人がついてきて、ぼくは八本あるブラシを一本ずつ手わたした。

コート整備をするあいだ、誰も口をきかなかった。ぼくの横には久保がいて、ブラシとブラシが離れないように歩幅をあわせて歩いていると、きのうからのわだかまりが消えていく気がした。

となりのコートでは武藤と末永が並び、長身の二人は大股でブラシを引いていく。コートの端までくると、内側の武藤が歩幅を狭くしてきれいな㋔コを描き、直線にもどれば二人ともがまた大股になってブラシを引いていく。

きっと、ぼくたちはこれまでよりも強くなるだろう。チーム全体としても、もっともっと強くなれるはずだ。

ぼくはいつか、テニス部のみんなに、父がつくった豆腐を食べさせてやりたいとおもった。さらに、このコートで家族四人でテニスをしたいとおもい、押入れにしまってある四本のラケットのことを考えた。ぼくはブラシを引きながら、胸のなかで父と母と姉にむかってＶサインを送った。

（佐川光晴『四本のラケット』より）

※金星……………予測されなかったお手柄。
※ベースライン…………コートの境界線。
※ダブルフォールト……テニスなどで、サーブに連続二回失敗すること。サーバーの失点となる。

問一　＝＝線㋐～㋔の漢字は平仮名に、カタカナは漢字に直しなさい。

問二　～～線ⓐ・ⓑの意味として最も適切なものを下のア～エの中からそれぞれ選び、記号で答えなさい。

ⓐ　釘を刺して

ア　問題を起こす者を、厳しく非難して
イ　問題を起こす者の動きを止めて
ウ　問題が生じないよう、相手に念を押して
エ　問題が生じないよう、注意を払って

ⓑ　筋

ア　最善の方法
イ　物事の道理
ウ　大きな賭《か》け
エ　考えた結果

問三　――線①「やるだけのことはやってやろうと気合いがはいった」とありますが、それはどういうことですか。最も適切なものを次のア～エの中から一つ選び、記号で答えなさい。

ア　父と母に心配をかけてしまったので、今夜は顔に出さないように気をつけようと心に決めた。
イ　策はまだ見つからないが、今日こそ「グーパーじゃんけん」を解決させたいと気持ちを込めた。
ウ　今日の練習でも二年生との対抗戦が行われるので、次こそは勝ちたいと自らを奮い立たせた。
エ　コート整備をまぬがれるため、今日も「グーパーじゃんけん」に絶対勝ってやろうと意気込んだ。

問四　――線②「自分の甘さ」とありますが、それは太二のどのような考えのことか、六十字以内で書きなさい。

問五　――線③「太二、わかったよ」とありますが、「久保」は何が「わかった」のか、三十字以内で書きなさい。

問六　この文章の表現に関する説明として最も適切なものを、次のア～エの中から一つ選び、記号で答えなさい。

ア　テニス部で起きた出来事が「ぼく」の視点で描かれており、いろいろ悩みながらも結局は一人で空回りしてしまう展開が、滑稽に表現されている。

イ　互いに気遣い、テニスでつながっている「ぼく」の家族の絆《きずな》と、互いの気持ちがつかめず、ぎくしゃくしているテニス部の仲間同士の関係が、対照的に描かれている。

ウ　対抗戦で太二たち一年生が二年生に負かされる場面は、「グーパーじゃんけん」の結末が、太二の思いに反して悪いものになっていくことを予感させる。

エ　最終場面で太二と久保、武藤と末永が並んでブラシをかける様子は、一度すれ違いかけた気持ちが再び通い合うようになったことを暗示している。

## 三　次の文章を読んで、後の問いに答えなさい。

※蝦夷《えぞ》の人に飯《いひ》を与へしかば《与えたところ》、いと喜びながら、そこら《たくさん》食ひこぼしてけり。「やよ《おい》、①米《よね》は玉の緒《命》つなぐものなるを、などかくおろそかになすや《どうしてこのようにおろそかにするのか》」とⓐ問へば、「われらは、米食ひて命をまたうする《保持する》にはあらず。鮭といふ魚《いを》食ひて生くるを《生きている（のである）》」といふ。「さらば《それならば》、鮭の魚にて命をのばふるならば《延ばすならば》、それをばⓑたふとぶべからん《重んじるべきだろう》。いまその足にはきたるものは、鮭の皮ならずや《鮭の皮（で作ったもの）ではないか》」といへば、しばし頭傾けて、「君の足につけ給ふ※草鞋《わらうづ》とやらんは《とかいうものは》、かの米のいでくる草にはあらずや《ではないか》」といひしにぞ《言ったことには》、②あなどるまじきことよ《馬鹿にしてはならないことよ》と人のいひしとぞ《人々が言ったという》。わが国の人は、よその事を知らねば《知らないので》、蝦夷の人のなりかたち《姿かたちが》、わが国の人と違へば《我が国の人と違うと》、いと愚かにて何知らぬものよ《何も知らないものだ》と思ふたぐひぞ多き。それより《それによって》※唐国《からくに》にてもあれ《であったとしても》、蝦夷の人にてもあれ、ただ姿の見慣れぬを見ては、腹かかへて、ことばのわきがたきを《理解しにくいのを》聞きては、また笑ふ、［　X　］、よそ見ぬ故なるべしといひぬ《からであろうといった》。

（『花月草紙』より）

※蝦夷……東北・北海道地域の古称。
※草鞋……履物の一種。
※唐国……現在の中国。

問一 ＝＝線ⓐ・ⓑの読みを現代仮名遣いで答えなさい。

問二 ――線①「米は玉の緒つなぐものなるを」とありますが、その訳として最も適切なものを次のア～エの中から一つ選び、記号で答えなさい。

ア 米は命をつなぐものになると

イ 米は命をつなぐものだとしても

ウ 米は命をつなぐものであるのに

エ 米は命をつなぐものになるならば

問三 本文を二つの段落に分けると、後半はどこから始まりますか。後半の始めの六字を抜き出しなさい。

問四 ――線②「あなどるまじきことよと人のいひしとぞ」について、次の問いに答えなさい。

(1) 「わが国の人」は、誰をどのように馬鹿にしているのか、三十字以内で答えなさい。

(2) 「わが国の人」が馬鹿にしてしまうのはなぜですか、十五字以内で答えなさい。

問五 [ X ] に当てはまるものを、次のア～エの中から一つ選び、記号で答えなさい。

ア 心狭く

イ 心広く

ウ 志強く

エ 志弱く

# 令 和 4 年 度

## 宮崎第一高等学校入学者選抜学力検査問題

（1月26日　第2時限　9時55分～10時40分）

# 社　　会

## （文 理 科）

（注　　意）

1．「始め」の合図があるまで、このページ以外のところを見てはいけません。
2．問題用紙は、表紙を除いて17ページで、問題は6題です。
3．「始め」の合図があったら、まず解答用紙に出身中学校名、受験番号と氏名を記入し、次に問題用紙のページ数を調べて、抜けているページがあれば申し出てください。
4．答えは、必ず解答用紙に記入してください。
5．印刷がはっきりしなくて読めないときは、静かに手をあげてください。問題内容や答案作成上の質問は認めません。
6．「やめ」の合図があったら、すぐ筆記用具をおき、問題用紙と解答用紙を別にし、裏返しにして、机の上においてください。

**問題用紙は持ち帰ってかまいません。**

# 社 会 1

1 次の地図を見て、あとの設問に答えなさい。

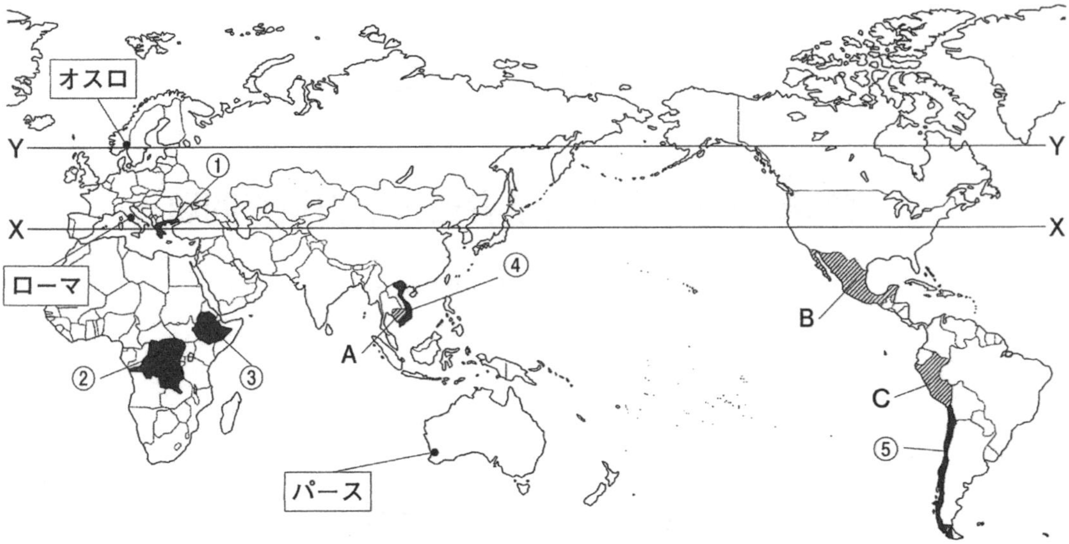


(1) 地図上の線分X・Yのおおよその緯度として正しいものの組み合わせを①～④から一つ選び、番号で答えなさい。

① X：北緯20° Y：北緯40°　② X：北緯30° Y：北緯50°
③ X：北緯40° Y：北緯60°　④ X：北緯50° Y：北緯70°

(2) 下の文章ア～オは、地図上の①～⑤の国について説明した文章である。文章ア～オに該当する国名を答え、さらにその国の位置を地図上の①～⑤から選び、番号で答えなさい。

ア この国は、チュキカマタなど多くの銅山が見られる世界でも有数の銅鉱の産出国であり、南部のフィヨルドにおいてはサーモンの養殖業が発達しており、日本へも多く輸出されている。

イ この国は、オリンピック発祥の国であり、毎回のオリンピック開会式の入場行進では最初に入場する国である。2021年夏には極度の乾燥により山火事が深刻化した。

ウ この国は、赤道直下に位置し熱帯雨林のジャングルが広がっている。2021年には国土の東部にある火山が噴火し、都市ゴマの空港に溶岩が到達し住民が避難した。

エ この国は、コーヒーの栽培起源地として知られており、現在も有数のコーヒー生産国である。国土は全体的に高原になっており、緯度のわりに冷涼な気候が広がっている。

オ この国は、社会主義国であるが、1986年以降のドイモイ政策により市場経済化が進み、繊維産業を中心に工業が発達しており、農業においても米やコーヒーの生産がさかんになっている。

(3) 下の図**ア〜ウ**は、地図中の**ローマ・オスロ・パース**のいずれかの雨温図である。雨温図**ア〜ウ**に該当する都市の組み合わせとして適切なものを①〜⑥から一つ選び、番号で答えなさい。

ア

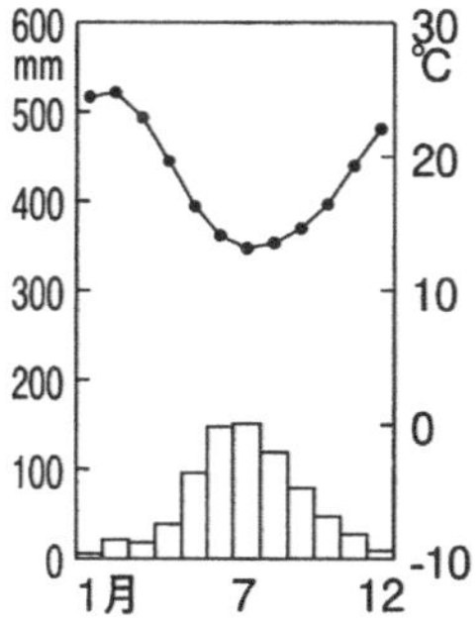


イ

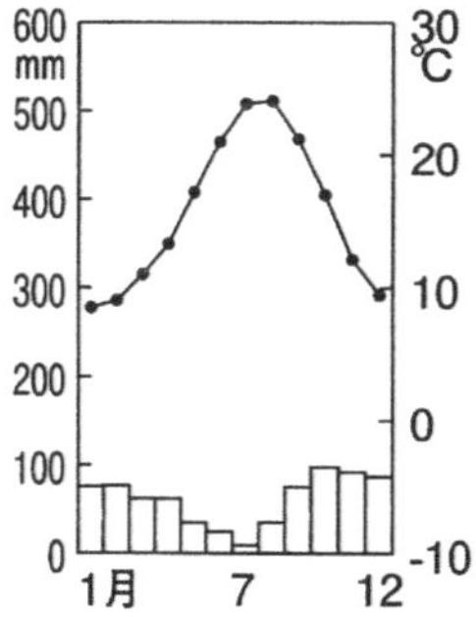


ウ

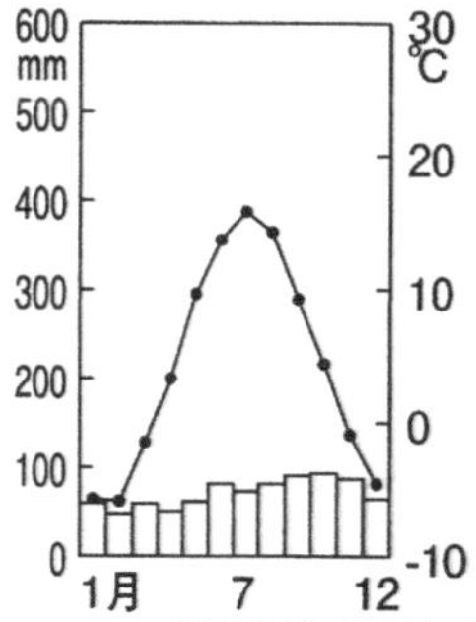


平成26年理科年表ほか

| | ① | ② | ③ | ④ | ⑤ | ⑥ |
|---|---|---|---|---|---|---|
| ア | ローマ | ローマ | オスロ | オスロ | パース | パース |
| イ | オスロ | パース | ローマ | パース | ローマ | オスロ |
| ウ | パース | オスロ | パース | ローマ | オスロ | ローマ |

(4) 下の写真**ア〜ウ**は、世界地図中の**A・B・C**の国のいずれかで撮られたものである。写真**ア〜ウ**に該当する国の組み合わせとして適切なものを①〜⑥から一つ選び、番号で答えなさい。

ア

イ

ウ

| | ① | ② | ③ | ④ | ⑤ | ⑥ |
|---|---|---|---|---|---|---|
| ア | A | A | B | B | C | C |
| イ | B | C | A | C | A | B |
| ウ | C | B | C | A | B | A |

# 社 会 3

(5) 下のグラフは、世界三大穀物とされる米・小麦・とうもろこしの世界生産量と世界輸出量の上位5か国及びそれらの国の生産量と輸出量が全体に占める割合をそれぞれ示したグラフである。これらの表について述べた文章として**誤っているもの**を①～④から一つ選び、番号で答えなさい。

米の世界生産量

| 国 名 | 生産量(万トン) | 割合(%) |
|---|---|---|
| 中 国 | 21213 | 27.1 |
| インド | 17258 | 22.1 |
| インドネシア | 8304 | 10.6 |
| バングラデシュ | 5642 | 7.2 |
| ベトナム | 4405 | 5.6 |

米の世界輸出量

| 国 名 | 輸出量(万トン) | 割合(%) |
|---|---|---|
| インド | 1206 | 27.1 |
| タイ | 1162 | 26.1 |
| ベトナム | 581 | 13.1 |
| アメリカ | 327 | 7.3 |
| パキスタン | 274 | 6.1 |

小麦の世界生産量

| 国 名 | 生産量(万トン) | 割合(%) |
|---|---|---|
| 中 国 | 13144 | 17.9 |
| インド | 9970 | 13.6 |
| ロシア | 7214 | 9.8 |
| アメリカ | 5129 | 7.0 |
| フランス | 3580 | 4.9 |

小麦の世界輸出量

| 国 名 | 輸出量(万トン) | 割合(%) |
|---|---|---|
| ロシア | 3303 | 16.8 |
| アメリカ | 2730 | 13.9 |
| カナダ | 2206 | 11.2 |
| オーストラリア | 2199 | 11.2 |
| ウクライナ | 1731 | 8.8 |

とうもろこしの世界生産量

| 国 名 | 生産量(万トン) | 割合(%) |
|---|---|---|
| アメリカ | 39245 | 34.2 |
| 中 国 | 25717 | 22.4 |
| ブラジル | 8229 | 7.2 |
| アルゼンチン | 4346 | 3.8 |
| ウクライナ | 3580 | 3.1 |

とうもろこしの世界輸出量

| 国 名 | 輸出量(万トン) | 割合(%) |
|---|---|---|
| アメリカ | 5304 | 32.9 |
| ブラジル | 2927 | 18.1 |
| アルゼンチン | 2371 | 14.7 |
| ウクライナ | 1939 | 12.0 |
| ロシア | 518 | 3.2 |

2021データブックオブ・ザ・ワールドより作成

① 米の生産上位5か国はすべてアジア諸国で、5か国の生産量は世界生産の7割以上を占めており米の多くがアジアで生産されていることがわかる。

② 三大穀物の上位5か国の生産量の合計をそれぞれ比較すると、生産量が最も多いのがとうもろこしであり、このことはとうもろこしが飼料や燃料用など食料用以外の需要も多いことが関係している。

③ 各国の三大穀物の生産量及び輸出量の合計をそれぞれ比較すると、生産量では中国が最大であり、輸出量ではアメリカが最大となっている。

④ 米と小麦の上位5か国の生産量に対する輸出量の割合を比較すると、米は生産量に対する輸出量が多く商品作物として広く栽培されていると考えることができる。

2　東南アジアについて述べた文章を参考に、あとの設問に答えなさい。

東南アジアは、古くから大国の中国やインドの影響を強く受けてきた地域であり、19世紀から20世紀にかけてはイギリスやフランスなどの欧米諸国により大部分が植民地となった地域である。第二次世界大戦後に欧米諸国の植民地から独立を果たし、1967年には（　ア　）（東南アジア諸国連合）が結成され今日まで相互に経済協力が推進されている。東南アジアはインドシナ半島と赤道付近を中心とした島々からなり、ⓐインドシナ半島は半年ごとに風の向きが変化する（　イ　）の影響により雨季と乾季が明瞭であり、赤道付近を中心としたスマトラ島やカリマンタン島などの島々はジャングルが広がっている。

農業分野では高温多雨の気候が広がることから、大河川流域を中心に稲作が広く発達しており、地域によっては年間に２回米を生産する（　ウ　）が行われる地域もある。インドネシアやマレーシアなどでは、植民地時代から展開された特定のⓑ熱帯性作物を単一栽培していく（　エ　）がさかんである一方でⓒ熱帯雨林の減少という問題も抱えている。水産業の分野ではタイやインドネシアのマングローブが広がる海岸地帯を中心にエビの養殖場が造成され日本にも多く輸出されている。

工業分野は独立当初は未発達の国が多かったが、アメリカや日本などの企業を受け入れて工業化を推進したため現在では電化製品や自動車など工業製品の生産がさかんであり、ⓓ工業化とともに従来と比べて輸出品目も変化した。工業化の推進は都市の発達を促し、中心部にショッピングセンターが作られたり、郊外に住宅団地が造成される一方で都市への急速な人口流入により道路や電気、上下水道などのインフラ整備が追い付いておらず、交通渋滞の深刻化や貧しい人々が居住する生活環境の悪いスラムの問題などが生じている。

⑴　文中の（　ア　）～（　エ　）に入る適切な語句を答えなさい。なお、（　ア　）はアルファベットで答えなさい。

⑵　下線部ⓐについて、アとイの雨温図は下の地図中の地点AとBのいずれかのものである。地点Aの雨温図と気候名の組み合わせとして適切なものを①～④から一つ選び、番号で答えなさい。

ア
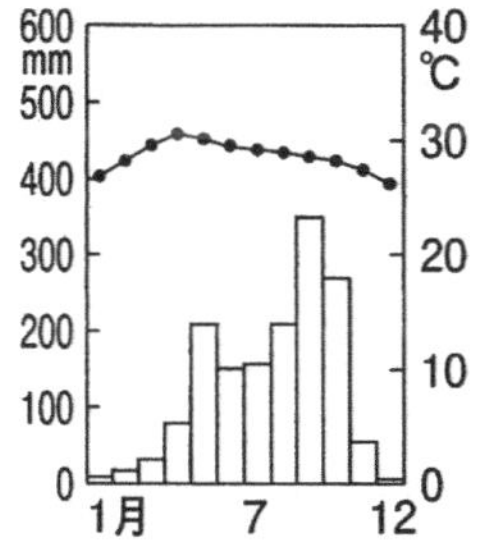


イ
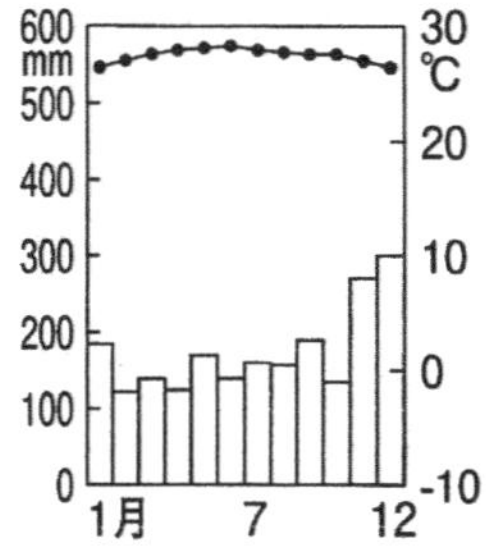

| | ① | ② | ③ | ④ |
|---|---|---|---|---|
| 雨温図 | ア | ア | イ | イ |
| 気候名 | 熱帯雨林気候 | サバナ気候 | 熱帯雨林気候 | サバナ気候 |

※平成26年理科年表ほか

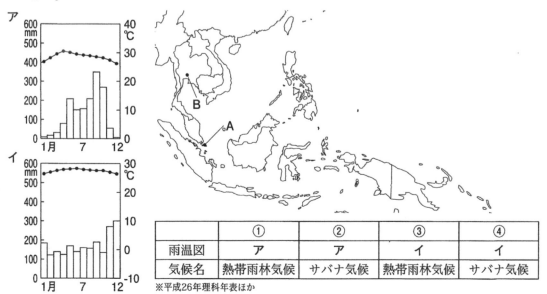

# 社　会　5

⑶　下線部ⓑについて、文中の（　エ　）で栽培される熱帯性作物として**誤っているもの**を①～④から一つ選び、番号で答えなさい。

①　アブラやし　　②　ブドウ　　③　コーヒー　　④　茶

⑷　下線部ⓒについて、国連で採択されたSDGs（持続可能な開発目標）の17の目標のうちの1つである「15　陸の豊かさも守ろう」では、森林の減少をくい止めることが提起されている。森林の減少に伴う問題について述べた文章として**誤っているもの**を①～④から一つ選び、番号で答えなさい。

※お詫び：著作権上の都合により，
イラストは 掲載しており
ません。　　教英出版

①　森林の減少は、地球温暖化にもつながり、海水温の上昇は台風の大型化をもたらし被害を拡大させる。

②　森林の減少は、森林によるフロンガス吸収量が減少するため、オゾン層破壊を促進させる。

③　森林の減少は、動物の生息地の減少につながり、生態系への悪影響が懸念される。

④　森林には保水機能があるため、森林の減少は洪水被害の増加につながる。

⑸　下線部ⓓについて、下のグラフはタイとインドネシアにおける1980年と2015年の輸出品目を示したものである。グラフ中の㋐～㋒の品目は機械類・天然ゴム・木材のいずれかである。㋐～㋒に該当する品目の組み合わせとして適切なものを①～⑥から一つ選び、番号で答えなさい。

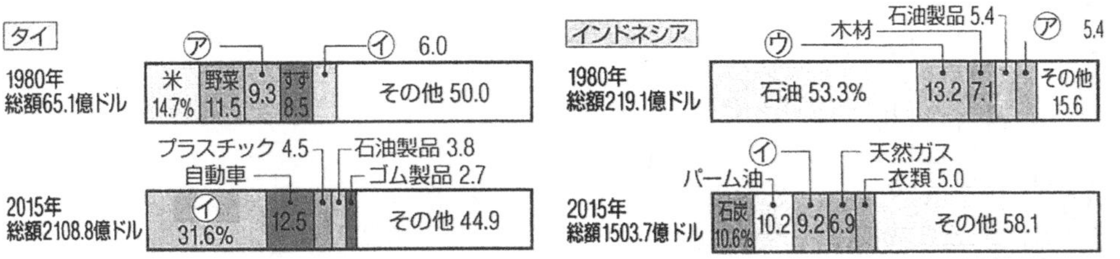


（国連資料ほか）

| | ① | ② | ③ | ④ | ⑤ | ⑥ |
|---|---|---|---|---|---|---|
| ㋐ | 機械類 | 機械類 | 天然ゴム | 天然ゴム | 木　材 | 木　材 |
| ㋑ | 天然ゴム | 木　材 | 機械類 | 木　材 | 機械類 | 天然ゴム |
| ㋒ | 木　材 | 天然ゴム | 木　材 | 機械類 | 天然ゴム | 機械類 |

3　次の地形図は、愛媛県今治市の一部を示した２万5000分の１の地形図である。この地形図を見て、あとの設問に答えなさい。

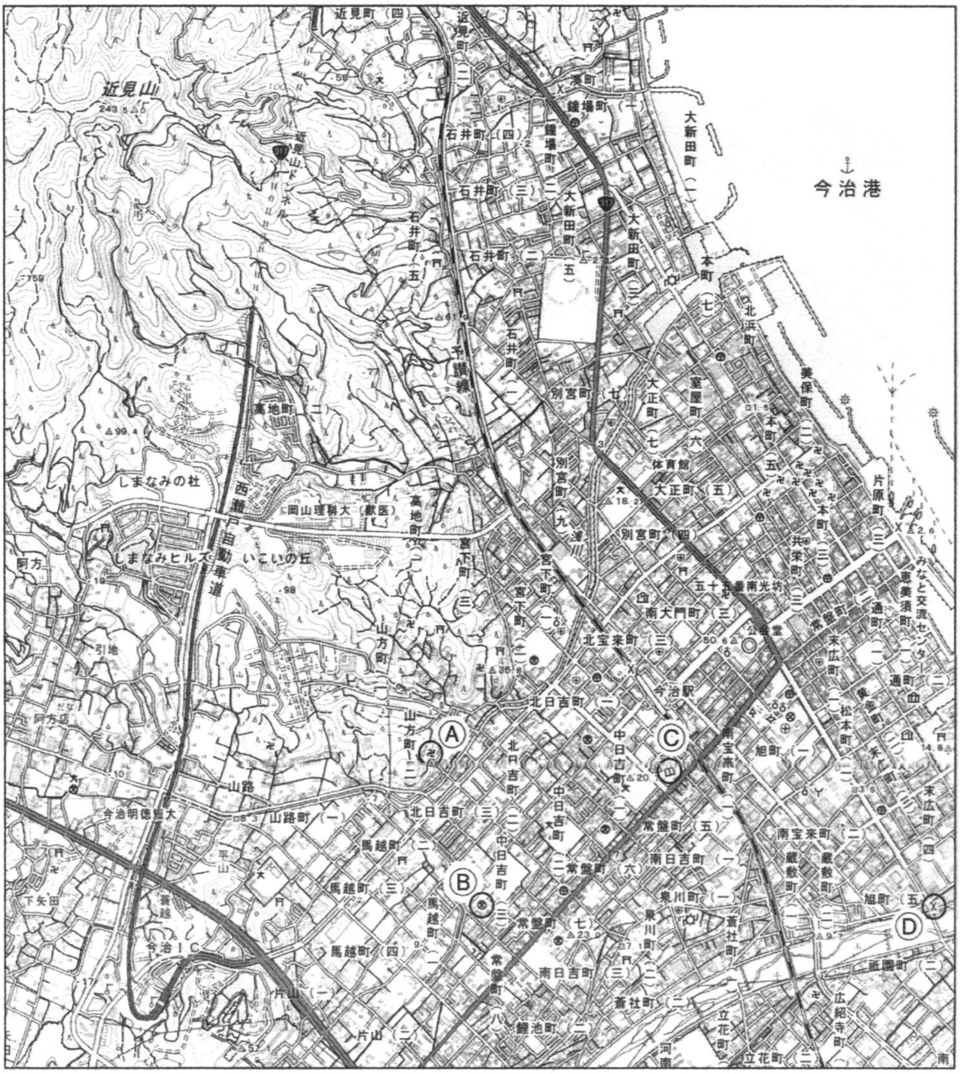


国土地理院　25000分の１地形図　今治（原寸・一部改変）

(1)　地形図上に示されるⒶ～Ⓓの地図記号は、何を表しているか答えなさい。

Ⓐ 　Ⓑ 　Ⓒ 　Ⓓ 

(2)　愛媛県今治市では今から約120年前からある地場産業が発達しており、近年はさまざまな海外の展示会などに出品され世界的にも注目を集めている。この地場産業で生産されている製品を示した写真として適切なものを①～④から一つ選び、番号で答えなさい。

①

②

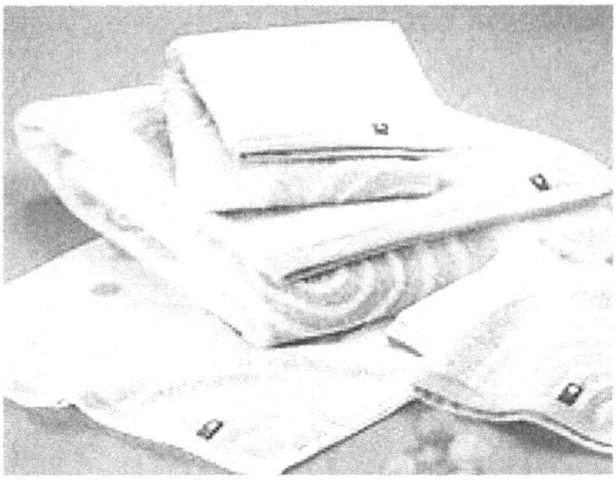

③

④

(3)　地形図から読み取れることとして**誤っているもの**を①～⑤から一つ選び、番号で答えなさい。

①　今治港には灯台が２つ確認でき、複数の船舶の発着地が見られる。

②　地形図西部には有料道路が南北に走っており、山間地をトンネルが貫いている。

③　市役所の西側にJR予讃線が走っており、市役所から今治駅までの直線距離は約１ｋｍである。

④　市役所より南側の地域には、警察署や消防署、官公署などが見られる。

⑤　地形図北西部の傾斜地は、針葉樹林や荒地が中心であるが、一部に果樹園も見られる。

4　女性の活動や活躍に関連する次のＡ～Ｉの文を読んで、あとの問いに答えなさい。

Ａ　足利義政のときに、将軍のあとつぎ問題をめぐって有力な守護大名の細川氏と山名氏が対立すると、その後内乱が起こりました。足利義政の妻日野富子は、ⓐ交通の要所にたつ関所を重視するなど、お金をたくさん集めようとした人物としても知られています。

Ｂ　春日局《かすがのつぼね》という女性は、乳母としてⓑ徳川家光を支え、家光が将軍となった後もさまざまな面で彼を支援しました。

Ｃ「魏志倭人伝」とよばれる中国の歴史書の一部分には、ⓒある国の女王卑弥呼が、倭の30ほどの国々をまとめていたことが書かれています。また、人々の間に身分の差があったことや、卑弥呼が魏に朝貢して皇帝から「親魏倭王」という称号と金印を授けられたことなども読み取れます。

Ｄ　光明皇后とその夫であるⓓ聖武天皇は、仏教の力により、伝染病や災害などの不安から国家を守ろうと考えました。このような方針を「鎮護国家」といいます。

Ｅ　後鳥羽上皇が挙兵したのに対し、初代将軍源頼朝の妻だった北条政子は、頼朝の御恩を説いて御家人たちに結束を訴えました。そのかいもあってⓔ幕府は大軍を送って上皇の軍を破りました。

Ｆ　女性歌手美空ひばりは、ⓕ太平洋戦争の敗戦で傷ついた日本人の心に響く唄を歌い、大人気を博しました。

Ｇ　女性である推古天皇の下、おいの聖徳太子らが、天皇を中心とする政治の仕組みを作ろうとしました。なかでも、かんむりの色などで地位を表すⓖ冠位十二階の制度は有名なものです。

Ｈ　ⓗ摂関政治を推し進める、藤原氏から出たきさきたちの周りには、教養や才能のある女性が集められ、紫式部の「源氏物語」や、清少納言の「枕草子」などが生み出されました。

Ｉ　フローレンス・ナイチンゲールはⓘイギリスの看護師としてヨーロッパの戦争に従軍し、戦場医療の改革を行いました。戦争後は近代看護の確立に貢献し、後の国際赤十字運動のきっかけにもなりました。

(1)　下線部ⓐに関連して、交通の盛んな所などで物資を運ぶ陸上運送業者として活躍した、右の図にも姿が見られる人々を何というか。**漢字二字**で答えなさい。

## 社 会 9

⑵ 下線部ⓑについて､将軍徳川家光の時に幕府のいわゆる「鎖国政策」が完成したと言われる。ただし、実際には国が完全に閉ざされたわけではなく、「四つの窓口」と呼ばれる所を通して、当時の日本は異国や異民族とゆるやかにつながっていた。この「四つの窓口」に**含まれない場所**を、次の①～⑤のうちから一つ選び、番号で答えなさい。

① 薩摩藩　② 長州藩　③ 対馬藩　④ 長崎　⑤ 松前藩

⑶ 下線部ⓒは、具体的には何という国をさすか。**漢字四字**で答えなさい。

⑷ 下線部ⓓについて、この天皇の治世下で出された、土地所有に関する法令を、次の①～④のうちから一つ選び、番号で答えなさい。

① 永仁の徳政令　② 墾田永年私財法　③ 大宝律令　④ 班田収授法

⑸ 下線部ⓔについて、この後幕府は六波羅探題という組織を創設する。この六波羅探題がおかれた場所はどこか。下の地図中の①～④のうちから一つ選び、番号で答えなさい。

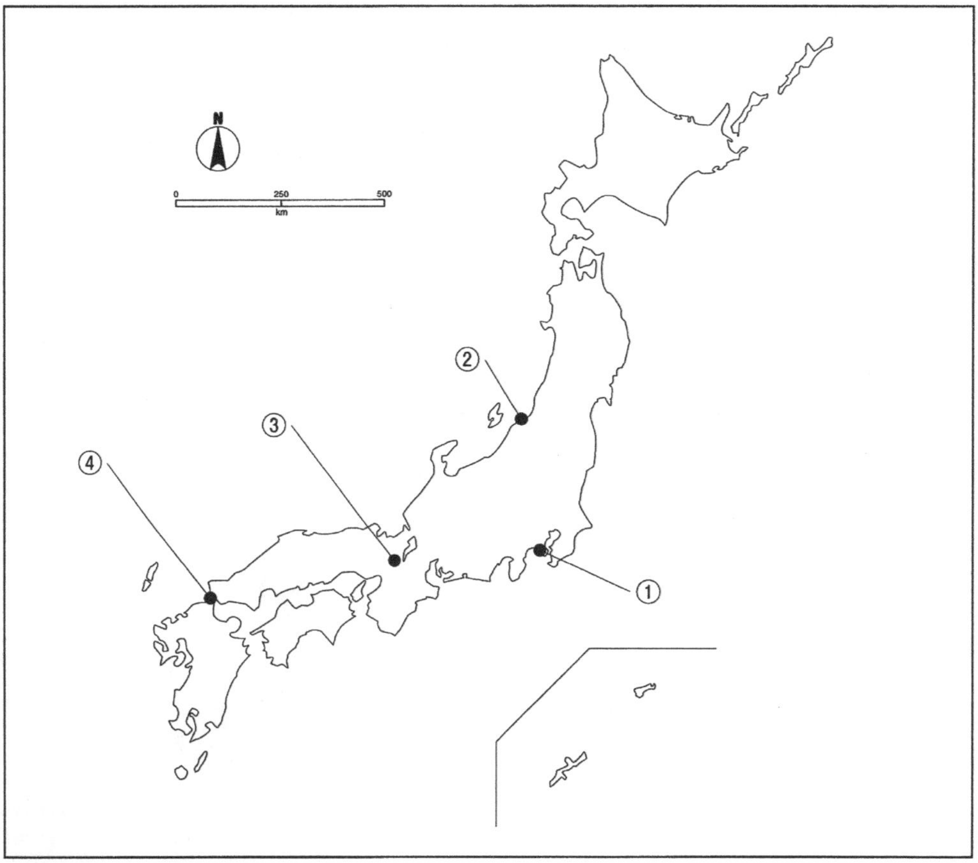

⑹ 下線部ⓕについて、この戦争中、首都東京はアメリカ軍による空襲（いわゆる東京大空襲）で甚大《じんだい》な被害を受けた。この空襲でアメリカ軍が使用したのは主に焼夷弾《しょういだん》（建物を焼きはらう目的の爆弾）である。焼夷弾が当時の東京に甚大な被害をもたらしたのはなぜか。下の大空襲後の東京の様子を示す写真を参考にして、文章で説明しなさい。

⑺ 下線部ⓖについて、聖徳太子がこの制度を定めた目的は何か。文章で説明しなさい。

⑻ 下線部ⓗに関して、関白とはどのような役割を果たす役職（地位）か。文章で説明しなさい。

⑼ 下線部ⓘに関連して、イギリスが中国（清）に対して起こした戦争で、イギリスが勝利した結果、香港を手に入れるなどした戦争を何というか。答えなさい。

⑽ A～Ｉを古い方から順に並び替えなさい。

# 社 会 11

## 5 次の文章を読んで、あとの問いに答えなさい。

みなさんはスポーツが好きですか。もちろん人それぞれなので、好きな人、嫌いな人がいると思いますが、社会で話題になることが多いのは事実です。

日本でも話題になった国際的なスポーツイベントを少しさかのぼって振り返ってみると、2018年にはⓐ韓国のピョンチャンで冬季オリンピック・パラリンピックが開催されました。ⓑ北海道出身の女性選手たちがカーリングという競技で銅メダルを獲得し、大きな話題を呼んだことを覚えている人もいるかもしれません。

同じく2018年にはロシアでサッカーのワールドカップが開催されました。日本代表チームも６大会連続での出場を果たして１次リーグ戦を突破し、その後の決勝トーナメント１回戦ではヨーロッパの強国ベルギーに敗れました。この大会で優勝を果たしたのはフランスです。

2019年には日本では初めて、ラグビーのワールドカップが開催されました。ⓒ九州地方でも福岡県、熊本県、大分県の球技場や競技場で試合が実施され、世界から多くの人たちが観戦に訪れました。

みなさんの記憶に新しいのは、何と言っても2021年夏に開催されたⓓ東京オリンピック・パラリンピックであると思います。このオリンピック・パラリンピックが東京で開催されることが決まったのは2013年のことでしたが、その選考過程では未曾有《みぞう》の自然災害となった東日本大震災からの復興が完全に果たされているのか、ⓔお金（費用）はどれくらいかかるのか、など様々な問題が議論や検討の対象となりました。

一方日本国内で毎年開催され、注目を集めることも多いイベントとして全国高等学校野球選手権大会があります。この大会は1915年に第１回大会が開催され、途中（2020年の大会も含めて）数回ⓕ取りやめになることもありましたが、現在では兵庫県西宮市にある阪神甲子園球場で毎年８月に開催されています。

2021年には第103回大会が開催され、和歌山県代表の高校が優勝を果たしました。毎年春の時期に、同じ阪神甲子園球場で開催される選抜高等学校野球大会も含めて、ⓖ東北６県の代表校はまだ優勝を果たしておらず、このことが「優勝旗が白河の関越えを果たしていない」と表現されることがあります。東北６県以外でこの２つの大会において優勝を果たしていない都道府県は新潟県、富山県、石川県、山梨県、ⓗ滋賀県、鳥取県、島根県、ⓘ宮崎県となります。

⑴ 下線部ⓐに関連して、663年に中大兄皇子らは、百済の復興を助けようと大軍を朝鮮半島へ送ったが、唐と新羅の連合軍に大敗した。この戦いを何というか。解答欄に合う形で答えなさい。

⑵ 下線部ⓐに関連して、1590年に天下統一を果たした後、朝鮮半島への侵略を行った人物の氏名を、**漢字**で答えなさい。

⑶ 下線部ⓑに関連して、当時「蝦夷地」と呼ばれていた北海道を調査するなどした後、19世紀初めに正確な日本地図を作成した人物は誰か。次の①～④のうちから一つ選び、番号で答えなさい。

① 伊能忠敬　② 杉田玄白　③ 平賀源内　④ 本居宣長

(4) 下線部ⓒについて、九州でおきた出来事として**誤っているもの**を、次の①～④のうちから一つ選び、番号で答えなさい。

① 「漢委奴国王」と刻まれた金印が江戸時代に、九州のある場所で発見された。
② 元は南宋をほろぼした後、再び日本に攻めてきたが、幕府が九州にある海岸に築いた石の防壁のおかげもあって、元軍は上陸できなかった。
③ 日清戦争が始まると日本軍は優勢に戦いを進め、九州内のある都市でこの戦争の講和条約が結ばれることとなった。
④ ポルトガル船は、布教を許可した領主の港にやってきたので、貿易の利益に着目した九州の大名の中には、キリシタンになる者も現れた。

(5) 下線部ⓓに関連して、1回目の東京オリンピック・パラリンピックが開催された時の内閣総理大臣は誰であったか。この人物の主な業績を書いた下の**文章**を参考にして、次の①～④のうちから一つ選び、番号で答えなさい。

**文章**
日米安全保障条約の改定をめぐる安保闘争後に成立した、この人物率いる内閣は「所得倍増」をかかげ、政府は経済成長を積極的に促進した。

① 安倍晋三　② 池田勇人　③ 東条英機　④ 吉田茂

(6) 下線部ⓔに関連して、明治時代初期の政府は土地の所有者に現物ではなく、現金で納税をさせるなどの地租改正を実施した。地租改正が実施された当初、土地の所有者が納める税金の率は、土地の価格（これを地価という）の何％とされたか。正しいものを、次の①～⑤のうちから一つ選び、番号で答えなさい。

① 1％　② 2％　③ 3％　④ 4％　⑤ 5％

(7) 下線部ⓕについて、1918年に起きた米騒動の影響で大会が取りやめになったことがある。米騒動が起きた主な原因として正しいものを、次の①～④のうちから一つ選び、番号で答えなさい。

① 関東大震災の発生による、物価の上昇。
② シベリア出兵を見こした、買いしめの動き。
③ 昭和恐慌と呼ばれる、深刻な不況の発生。
④ 治安維持法の成立にともなう、社会不安。

(8) 下線部ⓖについて、朝廷は東北地方で支配に従おうとしない人々を古くから蝦夷と呼び、8世紀末から9世紀にかけて、たびたび大軍を送った。蝦夷を征服するための総司令官の役職名を、**漢字五字**で答えなさい。

(9) 下線部ⓗについて、滋賀県にある寺院として正しいものを、次の①～④のうちから一つ選び、番号で答えなさい。

① 延暦寺　② 金剛峯寺　③ 東大寺　④ 中尊寺

(10) 下線部ⓘについて、日露戦争の講和条約であるポーツマス条約が締結された際に、日本側の代表者として会議に参加していた、宮崎県出身の当時の外務大臣は誰か。その氏名を**漢字**で答えなさい。

6　さくらみらい市の次の資料１から資料12を参考に、あとの問いに答えなさい。

**資料１　【さくらみらい市の概要】**

人口：５万人　世帯数：２１５００世帯
６５歳以上の割合：２８％
１５歳未満の割合：１５％
人口の増減：５年前に比べて５００人減

図書館（１か所）保育所（７か所）
公民館（３か所）郷土資料館（１か所）
高齢者介護施設（３か所）
ごみ処理施設（１か所）

(2020年度)

**資料２　【新しい施設建設に関する市民の意識調査の結果】**

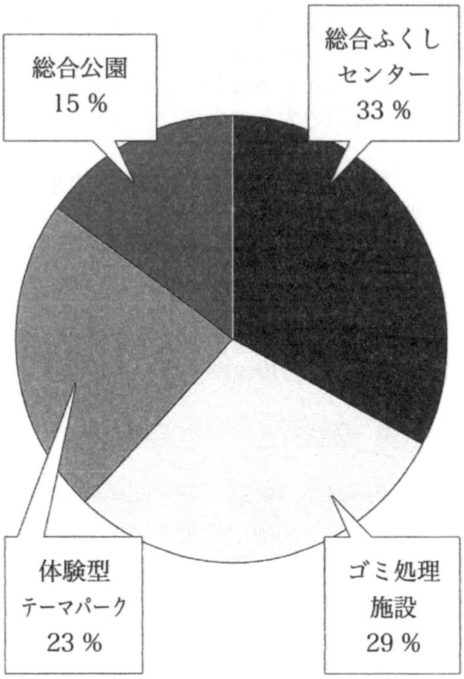


**資料３　【新しい施設建設に関する市民の声】**

《市民ａ》

さくらみらい市は少しずつ人口が減っているので、若い人が市内に定住するようになる施設をつくってほしい。

《市民ｂ》

さくらみらい市は高齢化が進んでいるので、高齢者にとって、住みやすいまちにしてほしい。

《市民ｃ》

さくらみらい市には娯楽施設が少ないので、家族で楽しめるような施設がほしい。

《市民ｄ》

さくらみらい市の環境を守るために、環境に配慮した施設をつくってほしい。

《市民ｅ》

さくらみらい市は、高齢化の進展に伴う介護サービスや、女性の社会進出に伴う子育て支援から、福祉が財政を圧迫しているから、安易に施設をつくるのはやめてほしい。

《市民ｆ》

さくらみらい市には子どもをあずける場所が少なく、仕事と育児の両立がむずかしいので、安心して子育てができる環境を整備してほしい。

**資料4 【市長選挙における立候補者の主張】**

工場が移転した後の土地（200m×200m）をさくらみらい市が買い取ることに決定しました。あなたはこの土地をどう活用しますか。

さやかさん

さくらみらい市のごみ処理施設は古く、維持費用が年間で２億円もかかっています。新しい施設を建設すれば、維持費を少なくできます。また、新しい施設では、(あ)二酸化炭素の排出を少なくすることができ、発電も可能なため、エネルギーを有効に利用できます。

《建設費用 40 億円》

やまとさん

さくらみらい市を住みやすいまちにするには、運動ができて、緑も豊かな場が必要です。そこで、芝生の広場やスポーツ施設などを備えた、総合公園をつくります。この総合公園は、災害時には周辺の住民の避難場所になります。

《建設費用 20 億円》

かえでさん

少子高齢化が進むさくらみらい市では、(い)介護サービスの充実と子育てをしやすい環境づくりが必要です。介護施設と保育所を合わせた総合ふくしセンターを建設し、世代間の交流を活発にして、高齢者や子育てをする人がくらしやすいまちを実現します。

《建設費用 50 億円》

ひかるさん

さくらみらい市は、最近景気が悪く、工場の移転で働く場所も減りました。そこで、さくらみらい市の歴史や文化を体験できるテーマパークを造って、市外から人を呼び込みます。また、働く人はさくらみらい市から採用して、働く場所を生み出します。

《建設費用 50 億円》

資料５ 【さくらみらい市における年齢別構成の推移】

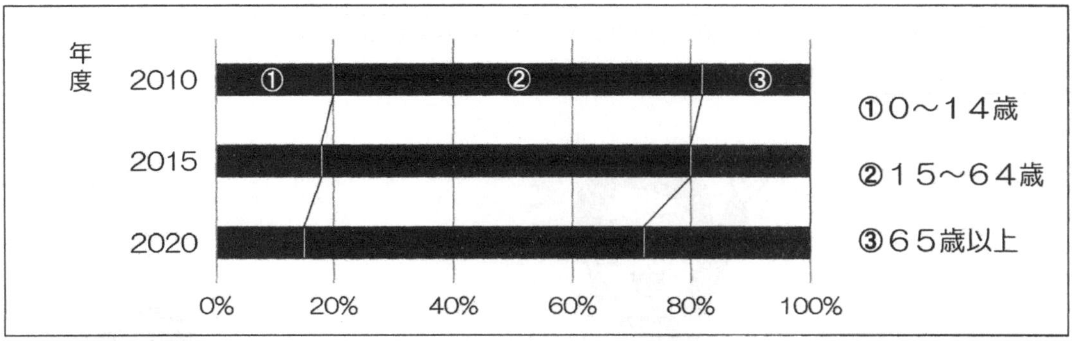


資料６ 【さくらみらい市における産業別人口の割合の推移】

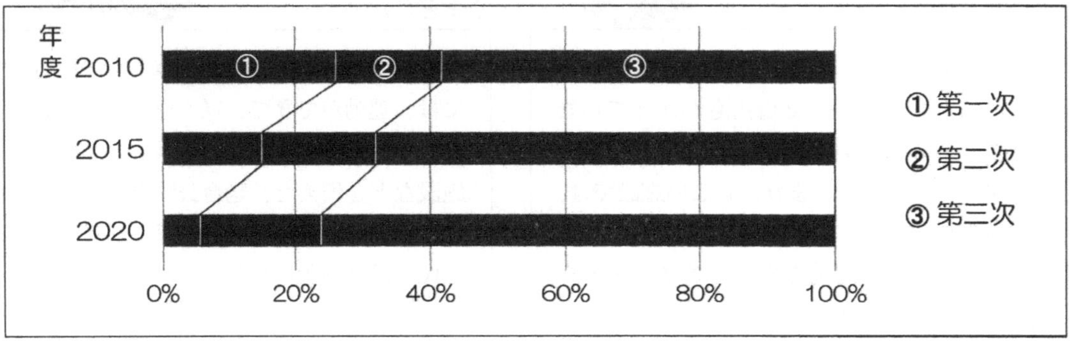


資料７ 【さくらみらい市における作物別生産額の割合の推移】

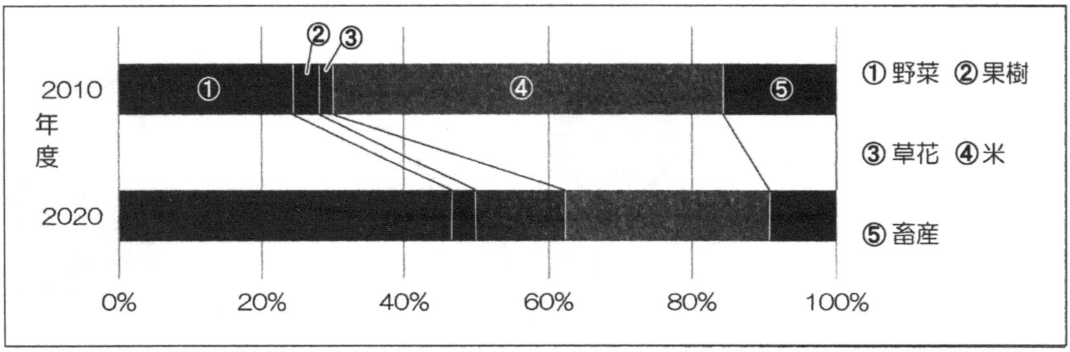


資料８ 【さくらみらい市における男女別賃金の推移】

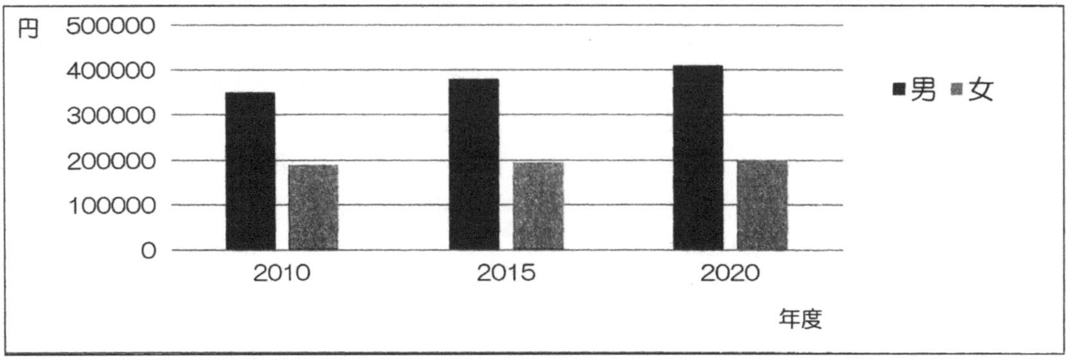

資料９　【さくらみらい市における民事裁判件数の推移】

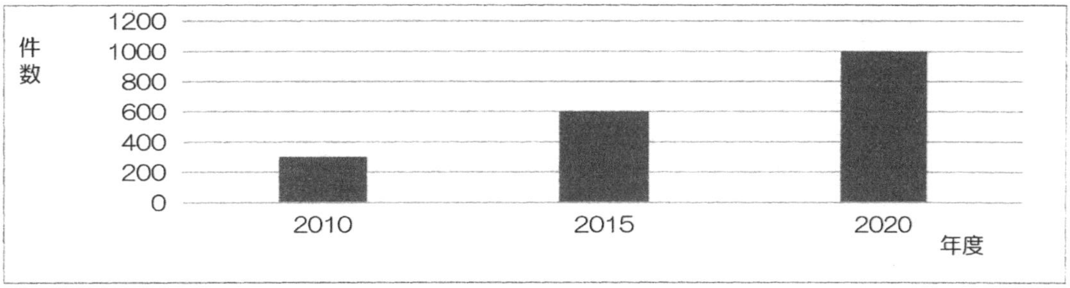


資料 10　【さくらみらい市における市長選挙における投票者数の推移】

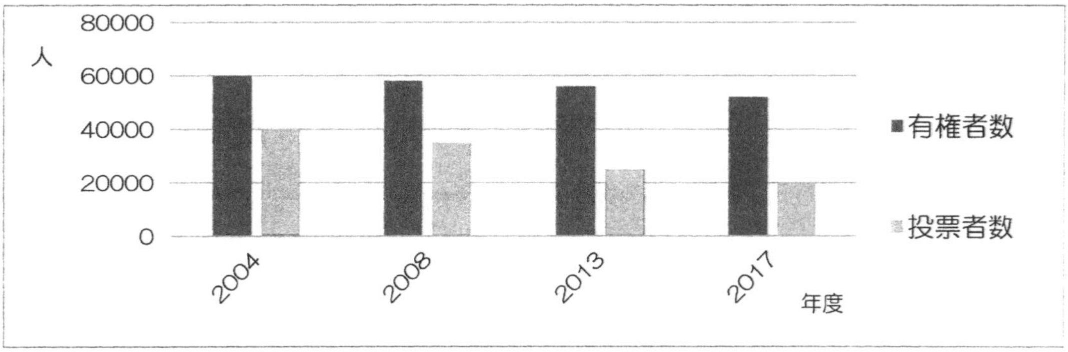


資料 11　【さくらみらい市における税収の推移】

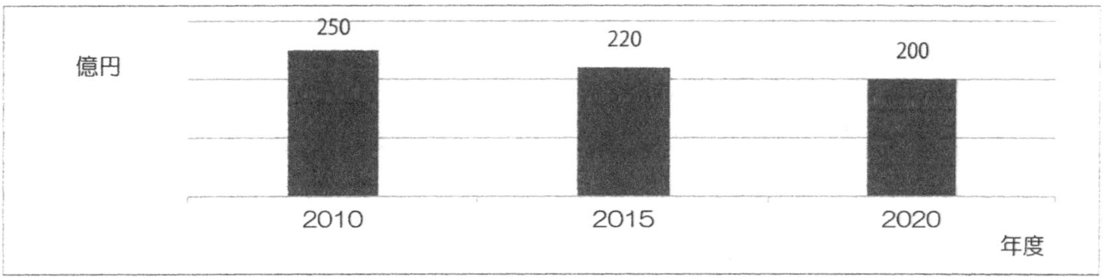


資料 12　【さくらみらい市における歳出の推移】

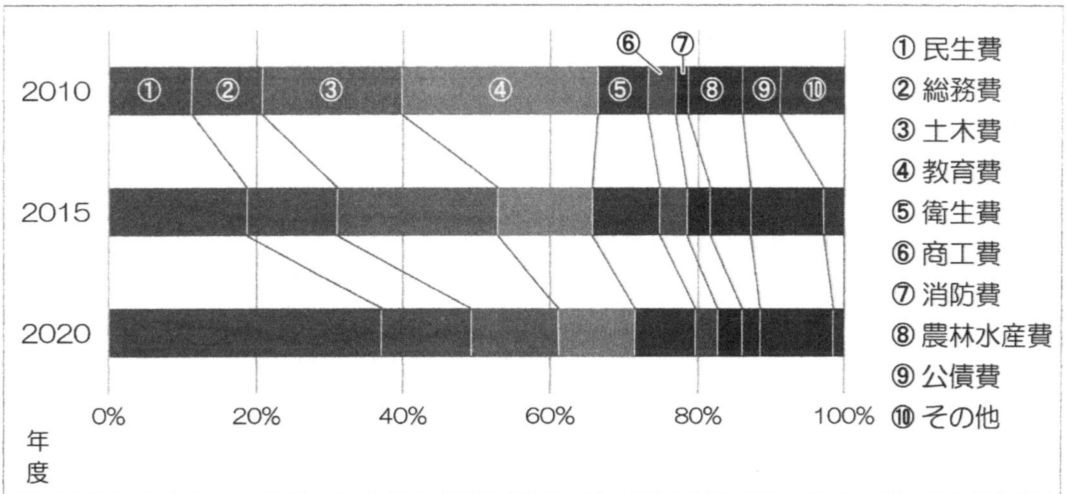

⑴　次の「問い」は、**資料５～資料12**の、どの資料の読み取りから生まれますか。関連する資料を選び、資料番号で答えなさい。なお、関連する資料は一つとは限りません。また、読み取れる資料がない場合は「なし」と答えなさい。

| |
|---|
| なぜさくらみらい市では第三次産業に従事する人が多いのだろうか? |

⑵　**資料５～資料12**の読み取りから今後予測できる内容として正しいものを次の**ア**、**イ**から選び、符号で答えなさい。なお、答えは一つとは限りません。該当する答えがない場合は、「なし」と書きなさい。

**ア**　さくらみらい市では今後高齢者による訴訟が増えるであろう。
**イ**　さくらみらい市の農業生産額における野菜の生産額の割合は今後も増えていくであろう。

⑶　**資料９**に関して、次の**ア～ウ**の事案のうち、民事裁判の対象にあたるものを選び、符号で答えなさい。なお、答えは一つとは限りません。該当する答えがない場合は、「なし」と書きなさい。

**ア**　まなぶさんは、勤めていたさくらみらい市にある会社から、何の理由もなく一方的に解雇されてしまった。
**イ**　ぎんがさんは、わき見運転をしていたため、さくらみらい市の中心街にある交差点の横断歩道を歩いていた歩行者にきづかずにひき殺してしまったため、逮捕された。
**ウ**　さくらみらい市の市役所に勤務するまゆさんは、課長によるセクシャルハラスメントによって、うつ病を発症してしまった。

⑷　**資料３**の《市民e》さんの声は、**資料５～資料12**のどの資料を関連づけることで裏付けることができますか。関連する資料を最低二つ選び、資料番号で答えなさい。

⑸　憲法で定める「基本的人権の尊重」に関して、さくらみらい市が抱える問題点を**資料５～資料12**から読み取り具体的に書きなさい。その際、読み取りに活用した資料番号も書きなさい。

⑹　**資料４**の㋐、㋑のうちどちらか一つ選び、今、日本が抱える問題について、具体的な事例を挙げて、１００字程度で書きなさい。

⑺　市長選挙に立候補した４名のうち、あなたはどの立候補者を支持しますか。支持する立候補者の名前を書きなさい。また、**資料１～資料12**から必要な資料を活用し、「持続可能性」という視点を組み込んで、支持する理由について書きなさい。その際、資料番号を明示して資料から明らかになったことを書くこと、なお、**資料１～資料３**は必ず活用すること。

令 和 4 年 度

# 宮崎第一高等学校入学者選抜学力検査問題

（1月26日　第3時限　10時50分〜11時35分）

# 数　　学

## （文 理 科）

（注　　　意）

1．「始め」の合図があるまで、このページ以外のところを見てはいけません。
2．問題用紙は、表紙を除いて6ページで、問題は5題です。
3．「始め」の合図があったら、まず解答用紙に出身中学校名、受験番号と氏名を記入し、次に問題用紙のページ数を調べて、抜けているページがあれば申し出てください。
4．答えは、必ず解答用紙に記入してください。
5．印刷がはっきりしなくて読めないときは、静かに手をあげてください。問題内容や答案作成上の質問は認めません。
6．「やめ」の合図があったら、すぐに筆記用具をおき、問題用紙と解答用紙を別にし、裏返しにして、机の上においてください。

**問題用紙は持ち帰ってかまいません。**

# 数　学　1

1　次の各問いに答えなさい。

(1)　$2.5\times 4$ を計算しなさい。

(2)　$2(a+3)-(4-3a)$ を計算しなさい。

(3)　$27x^2-3$ を因数分解しなさい。

(4)　$(\sqrt{2}-3)^2-13$ を計算しなさい。

(5)　連立方程式 $\begin{cases} 4x+5y=2 \\ 2x+y=4 \end{cases}$ を解きなさい。

**2** 次の各問いに答えなさい。

(1) 右の表は，A，B の２人に７回実施したテストの結果である。
　このとき，次の問いに答えなさい。

| 回 | 1 | 2 | 3 | 4 | 5 | 6 | 7 | 合計 |
|---|---|---|---|---|---|---|---|---|
| A | 5 | 3 | 5 | 7 | 6 | 7 | 9 | 42 |
| B | 4 | 6 | 5 | 7 | 6 | 5 | 5 | 38 |

(ア) B の最頻値を求めなさい。

(イ) A と B の平均値と中央値を比較してみた。次の①から④の中で正しいものを番号で選びなさい。

① A の方が平均値，中央値ともに小さい。
② A の方が平均値が小さく，中央値は大きい。
③ A の方が平均値が大きく，中央値は小さい。
④ A の方が平均値，中央値ともに大きい。

(2) 「ある中学校で，希望者を募ってグループ研究を行いました。そこで希望者を４人または５人の班に分け，準備したパソコンを各班に１台ずつ渡すことにしました。しかし，４人で１台使うと３人残り，５人で１台使うと，４人で使うパソコンが１台と，パソコンが１台残ります。この研究に参加する人数を求めなさい。」という問題で，A 君は参加者の人数を $x$ 人として，パソコンの台数について下のような表にまとめました。

(ア) 表の①に適する式を記入しなさい。

| | パソコン１台につき<br>４人を割り当てる場合 | パソコン１台につき<br>５人を割り当てる場合 |
|---|---|---|
| 準備したパソコンの台数 | $\frac{\boxed{\text{①}}}{4}$ | $\frac{x+1}{5}+1$ |

(イ) 参加する人数を求めなさい。

(3) 右の図で，△ABC は AB＝AC の二等辺三角形，点 D は辺 BC 上の点で，四角形 AEDF は正方形である。
　∠ABD＝65°，∠FDC＝50°のとき，$x$ の値を求めなさい。

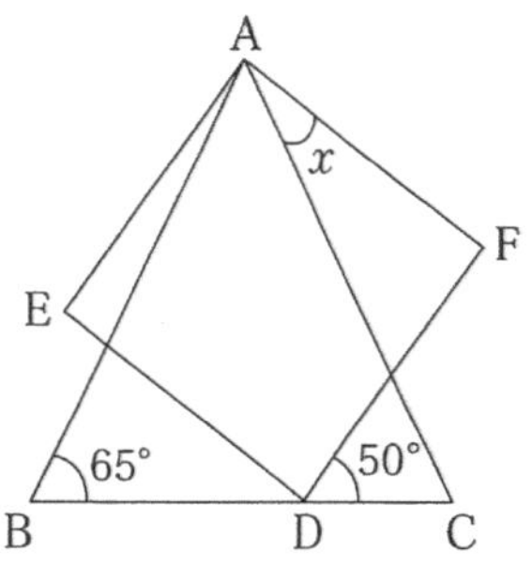


(4) $\sqrt{180-12n}$ が自然数となるような自然数 $n$ の値をすべて求めなさい。

# 数　学　3

3　右の図において，①は関数 $y=x^2$ のグラフである。2点 A，B は放物線①上の点であり，その $x$ 座標は，それぞれ $-2$，3 である。

このとき，次の問いに答えなさい。

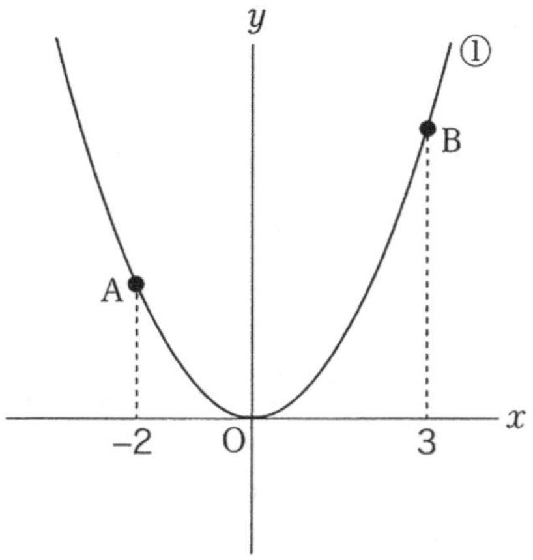


⑴　点 A，B の座標をそれぞれ求めなさい。

⑵　直線 AB の式を求めなさい。

⑶　△OAB の面積 S を求めなさい。

⑷　直線 OA に平行な直線 $l$ と線分 AB，OB の交点をそれぞれ C，D とする。このとき，△BCD の面積が △OAB の面積 S を用いて $\frac{1}{4}$S と表された。直線 $l$ の式を求めなさい。

4　サイコロを続けて２回振るとき，次の各問いに答えなさい。

(1)　１回目に１の目が出る確率を求めなさい。

(2)　２回とも同じ目が出る確率を求めなさい。

(3)　１回目に出た目の数が２回目に出た目の数よりも大きくなる確率を求めなさい。

次に，下図のように１から６までの番号が書かれた６枚のカードがある。

| 1 | 2 | 3 | 4 | 5 | 6 |
|---|---|---|---|---|---|

サイコロを続けて２回振り，下のルールに従ってカードを操作する。

【ルール】

①　２回とも同じ目が出たとき，出た目の数と同じ番号が書かれたカードを裏返す。

②　１回目に出た目の数が２回目に出た目の数よりも大きくなるとき，１回目に出た目の数と同じ番号のカードを裏返す。

③　１回目に出た目の数が２回目に出た目の数よりも小さくなるとき，１回目に出た目の数と２回目に出た目の数と同じ番号のカードを裏返す。

(4)　カードが１枚だけ裏返っている確率を求めなさい。

(5)　１の番号が書かれたカードが裏返っている確率を求めなさい。

# 数　学　5

**5** 晴夫先生と美樹さんは次の**問題**について話をしている。二人の会話文を読み，[ア]～[ク]に適する値を答えなさい。下の参考図を用いて考えてもよい。

> **問題**
> 底面が半径 3cm の円で，高さが 4cm，母線の長さが 5cm の円錐 P について考える。
> ただし，円周率は$\pi$とする。
> (1) P の体積と表面積を求めなさい。
> (2) 底面の円周上の点を A とし，A を通って底面に垂直な直線を $l$ とする。$l$ を軸として P を 1 回転したとき，P が通過した部分でできる立体 Q の体積と表面積を求めなさい。

参考図

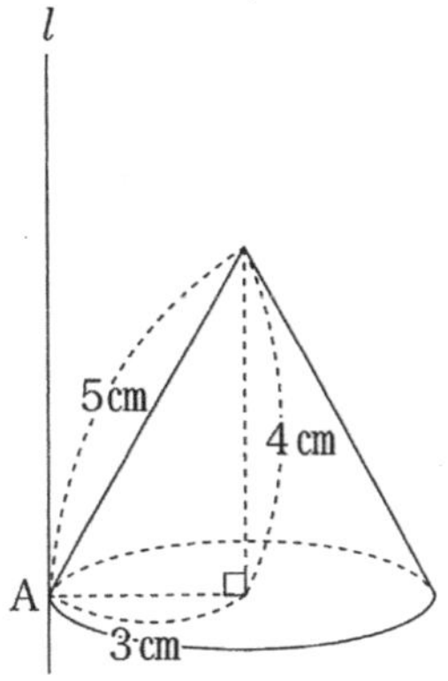


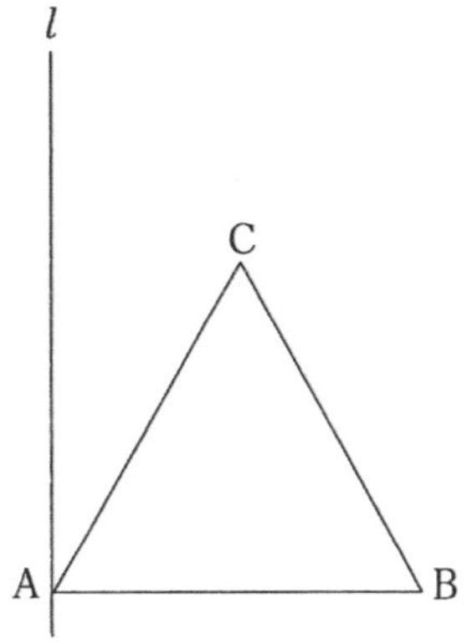


晴夫「(1) については円錐の頻出問題ですね。美樹さん，答えは何でしょうか。」

美樹「P の体積は [ア] cm$^3$で，表面積は [イ] cm$^2$です。今まで何度も復習してきたので自信があります。」

晴夫「正解です。では (2) についてはどうでしょうか。」

美樹「(2) はとても難しそうです。どうやって求めたらいいでしょうか。」

晴夫「難しそうですがしっかりイメージすれば解法の糸口が見つかりますよ。P を正面から見て回転させることを想像してみましょう。」

美樹「頑張って想像してみます。P を正面から見ると二等辺三角形に見えるので，Q はこの二等辺三角形を $l$ の周りに 1 回転させてできる回転体と同じですね。」

晴夫「よくイメージできています。そのイメージができれば解答の方針が見えてくると思うのですがどうでしょうか。」

美樹「イメージはできたのですが，もう少しヒントをお願いします。」

晴夫「では，P を正面から見た二等辺三角形の底辺の両端のうち A とは異なる点を B とし，残りの頂点を C としましょう。さらに，C から $l$ に垂線を引いて $l$ との交点を D とします。Q は，台形 ABCD を $l$ の周りに 1 回転した回転体 R から △ACD を $l$ の周りに 1 回転した回転体 S を取り除いた立体です。」

美樹「なるほど。解答の道筋が見えてきました。そうなると，直線 BC と $l$ との交点を E とおいて，△ABE を $l$ の周りに 1 回転させた回転体 T と △CDE を $l$ の周りに 1 回転させた回転体 U のことも考えなくてはいけませんね。」

晴夫「そこまで分かっていればできそうですね。ではまず Q の体積の求め方から説明してください。」

美樹「はい。まず，∠EAB＝∠EDC＝90°，∠EBA＝∠ECD なので，△EAB ∽ △EDC であり，2つの線分 AB と CD の長さから相似比が [ウ]：1と分かります。そして，T と U の相似比も [ウ]：1 なので，T と U の体積比は [エ]：1 となります。ここで U と P の関係も考えると，T の体積は [オ] ㎤です。さらに，S と P の関係を考えると，Q の体積は [カ] ㎤と求められました。」

晴夫「素晴らしい解答ですね。相似に着目すると計算量がぐっと減るので答えも導きやすくなりますね。では Q の表面積についてはどうでしょうか。」

美樹「まず相似比を考えると T と U の表面積の比が [キ]：1 なので，T の表面積が求められます。そして，T の表面積から U の側面積を引いて，S の側面積を加えると Q の表面積が求められます。」

晴夫「これも素晴らしい解答ですね。その素晴らしい解答を S と U の関係に着目することでさらに良くしましょう。」

美樹「そうか。S と U の関係に着目すると余計な計算をしなくて済みますね。だから，Q の表面積は [ク] ㎠です。」

晴夫「美しい解答が出来上がりましたね。難しそうな図形の問題もしっかりイメージして，基本に従って進めていけばちゃんと解答に辿《たど》り着けることが分かってもらえたと思います。また，計算も工夫すればぐっと楽にできることも実感できましたね。これらのことは高校数学でも大切なことですので，しっかり心に刻んでおいてください。高校入学後も楽しく数学を学んでいきましょう。」

美樹「はい。高校数学でも難問が何問もあると思いますが，諦めずに食らいついていこうと思います。ありがとうございました。」

# 令 和 4 年 度

## 宮崎第一高等学校入学者選抜学力検査問題

（1月26日　第4時限　12時15分～13時00分）

# 理　　科

## （文理科）

（注　　意）

1．「始め」の合図があるまで，このページ以外のところを見てはいけません。
2．問題用紙は，表紙を除いて8ページで，問題は4題です。
3．「始め」の合図があったら，まず解答用紙に出身中学校名，受験番号と氏名を記入し，次に問題用紙のページ数を調べて，抜けているページがあれば申し出てください。
4．答えは，必ず解答用紙に記入してください。
5．印刷がはっきりしなくて読めないときは，静かに手をあげてください。問題内容や答案作成上の質問は認めません。
6．「やめ」の合図があったら，すぐ筆記用具をおき，問題用紙と解答用紙を別にし，裏返しにして，机の上においてください。

**問題用紙は持ち帰ってもかまいません。**

# 理　科　1

1　次の【Ⅰ】・【Ⅱ】の問いに答えなさい。

【Ⅰ】 次の文を読んで，あとの問いに答えなさい。

エンドウの種子には丸形としわ形がある。丸形にする遺伝子Aは，しわ形にする遺伝子aに対して顕性である。いま，親Xの遺伝子型をAaとする。また，丸形の種子の親Yと親Zとがある。親Xと親Yを交配すると得られた種子は丸形としわ形が3：1になった。また，親Xと親Zを交配すると得られた種子は丸形のみであった。

(1) エンドウのように雄と雌の生殖細胞が受精することによって子をつくる生殖を何というか答えなさい。また，次の語群から，この方法以外の生殖をする生物を1つ選んで答えなさい。

| メダカ | ショウジョウバエ | ヒドラ | ウニ | カエル |
|---|---|---|---|---|

(2) エンドウは被子植物の双子葉類である。双子葉類は，さらに花弁がたがいにくっつく合弁花類と，花弁が1枚1枚離れている離弁花類に分けることができる。次の語群から，エンドウと同じ離弁花類に該当する植物を1つ選んで答えなさい。

| ツツジ | セイヨウタンポポ | アブラナ | アサガオ | ヒマワリ |
|---|---|---|---|---|

(3) 減数分裂によって対となっている遺伝子が分かれて別々の生殖細胞に入る。この法則を何というか答えなさい。

(4) 遺伝子の本体は何という物質か。**アルファベット3文字**で答えなさい。

(5) 文中に示された親Yの遺伝子型を答えなさい。

(6) エンドウの個体の遺伝子型がAa：aa＝1：1で存在するとき，各個体をそれぞれ自家受精して次世代を得たとき，丸形としわ形はどんな分離比であらわれるか，全体を合わせた比として答えなさい。ただし，自家受精とは，同じ個体の生殖細胞間でおこる受精のことである。

(7) 2個体を交配したとき，丸の種子のみが生じる親遺伝子型の組み合わせを，Aa×aaのようにすべて答えなさい。

【Ⅱ】 次の文を読んで,あとの問いに答えなさい。

ある被子植物において，顕性遺伝子Ｂおよび潜性遺伝子ｂが存在している。Ｂｂの個体どうしを交配したところ，子世代でＢＢ：Ｂｂ：ｂｂ＝１：２：１の比とならなかった。そこで，以下に示すような交配実験を行なって，雄の生殖細胞である精細胞，あるいは雌の生殖細胞である卵細胞を通して遺伝子が受精卵へどのように伝達されるかを調べた。

**実験結果１**　Ｂｂの個体にＢＢの個体の花粉を受粉させたところ，ＢＢとＢｂの子がいずれも１：１で生じた。すなわちＢｂの雌の生殖細胞である卵細胞はＢ：ｂ＝（**あ**）で次の代に伝えられたことを示している。

**実験結果２**　Ｂｂの個体の花粉をＢＢの個体に受粉させたところ，ＢＢとＢｂの子が，また，Ｂｂの個体の花粉をｂｂの個体に受粉したところ，Ｂｂとｂｂの子が，いずれも２：１に分離した。すなわち，Ｂｂの花粉側からは雄の生殖細胞である精細胞は，Ｂがｂより多い頻度のＢ：ｂ＝（**い**）で次の代に伝えられたことを示している。

⑴　上の文の（**あ**）・（**い**）に適する数値の比を答えなさい。

⑵　Ｂｂの個体にｂｂの花粉を受粉させたとき，次の代の遺伝子型と分離比を答えなさい。

⑶　Ｂｂどうしを交配させたときの次の代の遺伝子型とその分離比を答えなさい。

# 理　科　3

## 2　次の【Ⅰ】・【Ⅱ】の問いに答えなさい。

【Ⅰ】 次の文を読んで,あとの問いに答えなさい。

紗理奈さんは，テレビの番組を観てホットケーキを食べたくなり，市販のホットケーキミックスを買って来て，レシピ通りに作り始めた。(a)加熱したフライパンの中で，生地がプツプツと泡を立てながら次第に膨らんでいくのを見て，どうしてそうなるのかを疑問に思い，ホットケーキミックスの箱に書いてある成分表示を読んでみた。

成分表示の中にベーキングパウダーと書いてあり，インターネットで調べてみると，ベーキングパウダーの主成分は(b)炭酸水素ナトリウムだとわかり，紗理奈さんは理科の授業で学んだことを思い出した。

(1) 下線部(a)で見られた泡に含まれる，生地を膨らませた気体は何か。**化学式**で答えなさい。

(2) 下線部(b)の物質を試験管に入れて加熱したときにおこる変化について，次の文中の（①）～（③）に当てはまるものはどれか。①は**ア～エ**の中から，②と③は**ア～ウ**の中からそれぞれ1つずつ選び，記号で答えなさい。

この化学反応でおこる変化は，（①）であり，反応によって生成した物質は，固体と気体と液体の3つであった。この固体は，（②）であると考えられる。また，発生した気体を石灰水の中に通すと，（③）く濁った。

| | | | | |
|---|---|---|---|---|
| ① | ア　中和 | イ　酸化 | ウ　還元 | エ　分解 |
| ② | ア　塩化ナトリウム | イ　炭酸ナトリウム | ウ　硫酸ナトリウム | |
| ③ | ア　赤 | イ　黄 | ウ　白 | |

(3) この実験で生成した無色の液体に，塩化コバルト紙をつけてみると，（④）色から（⑤）色に変化した。（④）・（⑤）に当てはまる色を，次の**ア～オ**からそれぞれ1つずつ選び，記号で答えなさい。

| | | | | |
|---|---|---|---|---|
| ア　赤 | イ　白 | ウ　青 | エ　緑 | オ　黄 |

(4) この実験で生成した固体を水に溶かした水溶液**A**と，炭酸水素ナトリウムを溶かした水溶液**B**のそれぞれに，フェノールフタレイン溶液を加えたときの違いを，「(**A**あるいは**B**)の水溶液の方が，～色が濃い」の表現で答えなさい。

【Ⅱ】 次の文を読んで，あとの問いに答えなさい。

化学反応と質量の変化を調べる目的で，次の二つの実験を行なった。

**実験１**　**図１**のように，うすい塩酸$30cm^3$を入れたビーカーの質量をはかった。次に，**図２**のように，このビーカーにマグネシウムを0.24g加えて，よくかき混ぜて気体を発生させた。気体の発生が止まった後に，再びビーカーの質量をはかった。

**図１**

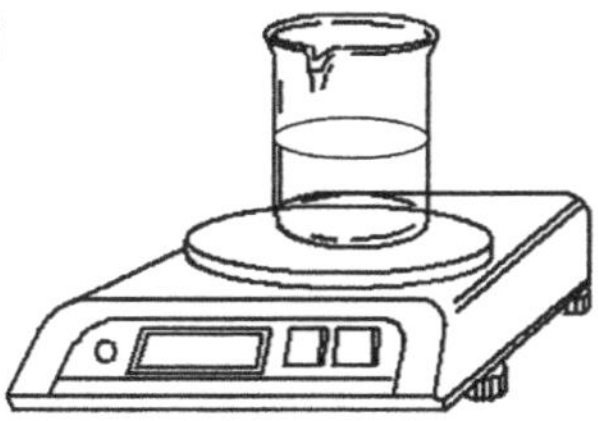

**図２**

**実験２**　**実験１**で用いたものと質量の同じビーカーを３個用意し，**実験１**で用いたうすい塩酸を$30cm^3$ずつ入れ，さらにマグネシウム0.48g，0.72g，0.96g，1.20gを加えて反応させ，反応後の全体の質量をはかった。下の**表１**に，**実験１**と**実験２**の質量測定の結果をまとめた。

**表１**

| | | | | | |
|---|---|---|---|---|---|
| マグネシウムの質量(g) | 0.24 | 0.48 | 0.72 | 0.96 | 1.20 |
| 反応前の全体の質量(g) | 62.24 | 62.48 | 62.72 | 62.96 | 63.20 |
| 反応後の全体の質量(g) | 62.22 | 62.44 | 62.66 | 62.89 | 63.13 |

(1)　次の文は，この実験で発生した気体についてまとめたものである。文中の（①）～（③）に当てはまるものはどれか。①と②は**ア**・**イ**の中から，③は**ア**～**ウ**の中からそれぞれ１つずつ選び，記号で答えなさい。

　この気体は，無色・無臭であり，気体の中で最も密度が（①）。また，水に（②）ので，（③）置換法で集める。

| | | | | | | |
|---|---|---|---|---|---|---|
| ① | **ア** 大きい | **イ** 小さい | |
| ② | **ア** とけやすい | **イ** とけにくい | |
| ③ | **ア** 上方 | **イ** 下方 | **ウ** 水上 |

(2)　この実験で発生した気体は何か，**名称**で答えなさい。

(3)　**表１**をもとにして，マグネシウムの質量(g)を横軸に，発生した気体の質量(g)を縦軸にして，マグネシウムと気体の質量の関係を表すグラフを，解答用紙に書きなさい。

(4)　この実験で用いたうすい塩酸$30cm^3$と過不足なく反応するマグネシウムの質量は何gか，求めなさい。

(5)　マグネシウムの代わりに鉄を用いて，**実験１**と同様の実験を行ない，鉄がうすい塩酸と過不足なく反応し，**実験２**の最大量の気体が発生したときの鉄の質量を求めると，1.96gであった。このとき反応したマグネシウムと鉄の質量比はいくらか。**最も簡単な整数比**で答えなさい。

# 理　科　5

**3**　次の【Ⅰ】・【Ⅱ】の問いに答えなさい。

**【Ⅰ】　音の性質を調べるために，次の実験を行なった。あとの問いに答えなさい。**

**実験1**　**図1**のモノコードを使って，ことじの左側の弦をはじいて出した音を，オシロスコープを使って観察すると，**図2**のような波形が観察された。波形の横軸は時間，縦軸は振幅を表している。

**図1**

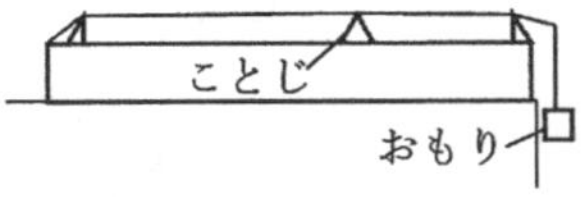


**図2**

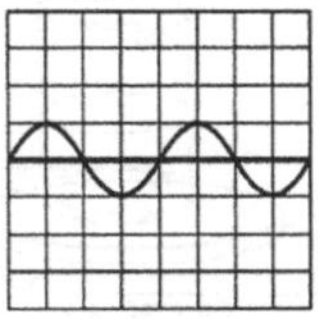

**実験2**　**実験1**のモノコードは変えずに，弦を**実験1**のときよりはげしくはじいて出した音の波形を観察した。

**実験3**　音の速さを調べるために，**図3**のように，スピーカーとオシロスコープを68m離して設置した。そして，スピーカーの音を鳴らすと，0.2秒後にオシロスコープで音の波形を観測した。

**図3**

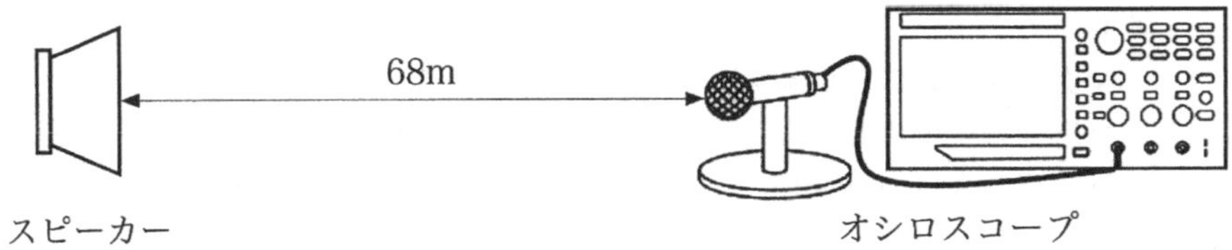


**実験4**　様々な楽器の音を鳴らし，その波形をオシロスコープで観察した。

(1)　**図2**の1目盛りが0.01秒であるとき，**実験1**での弦の振動数は何Hzか，答えなさい。

(2)　**実験1**で観察された音より高い音を出すためにはどうすればよいか。次の**ア**～**ウ**から1つ選び，記号で答えなさい。

| |
|---|
| **ア**　おもりの数を二つに増やす |
| **イ**　モノコードの弦を太いものに変える |
| **ウ**　ことじを右側に移動させる |

(3)　**実験2**で出した音は，**実験1**で出した音と比べて音の変化はどうなるか，答えなさい。また，そのときに観察された波形はどれか，次の**ア**～**ウ**から1つ選び，記号で答えなさい。

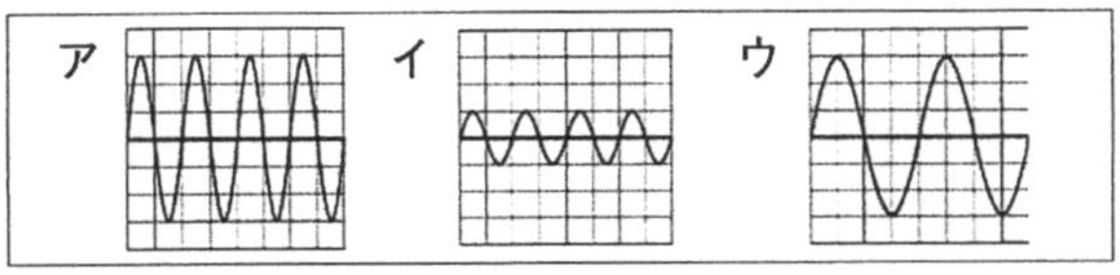


(4)　**実験3**の結果より，音の速さは何m/sか，答えなさい。

(5) **実験４**で同じ高さの音を出す楽器を次の①～④から２つ選び，番号で答えなさい。

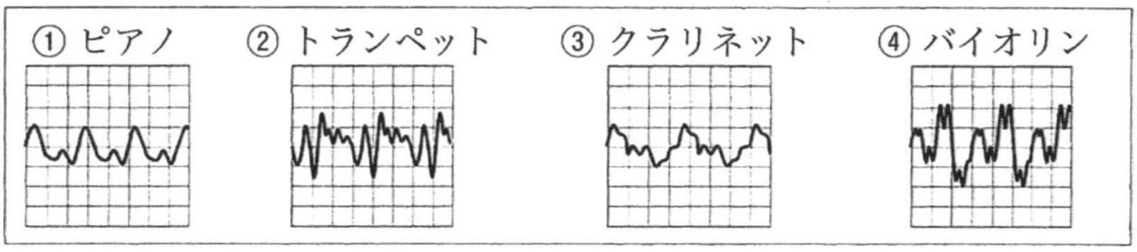


**【Ⅱ】 図４のように，600gの鉄でできたおもりをばねＡの下端に取り付け，天井からつるすと，ばねＡは3cmのびて静止した。あとの問いに答えなさい。ただし，100gの質量にはたらく重力の大きさを１Ｎとする。**

**図４**

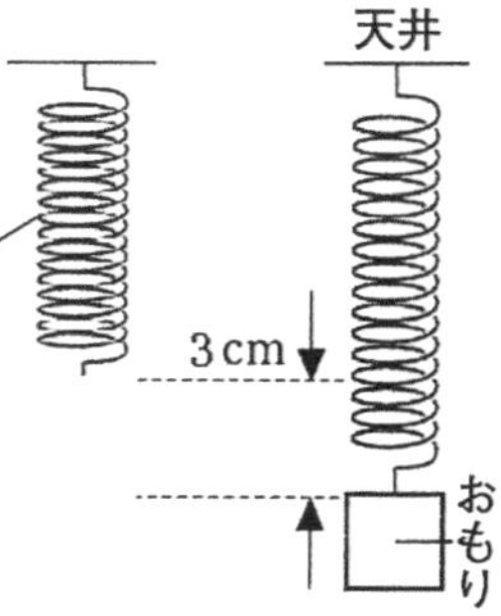


(1) このとき，おもりにはたらく力の名前をすべて答えなさい。

次に，**図５**のように，**図４**のおもりの下に磁石を置くと，おもりは磁石に引きつけられ，**ばねＡ**はさらに１cmのびて静止した。

**図５**

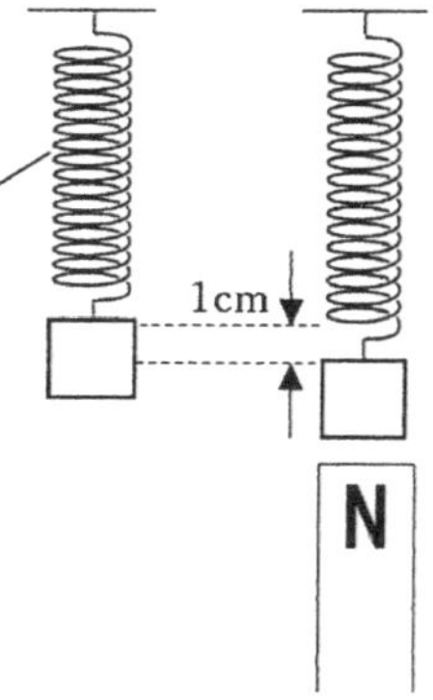


(2) このとき，**ばねＡ**がおもりを引く力は何Nになるか，答えなさい。

**図４のばねＡ**にもう１つ別の**ばねＢ**を加えた２つのばねを使って天井からおもりをつるすと，**図６**の状態で静止した。このとき，**ばねＢ**はもとの長さより６cmのびており，**ばねＡ**と**ばねＢ**が天井となす角はそれぞれ60°，30°であった。

**図６**

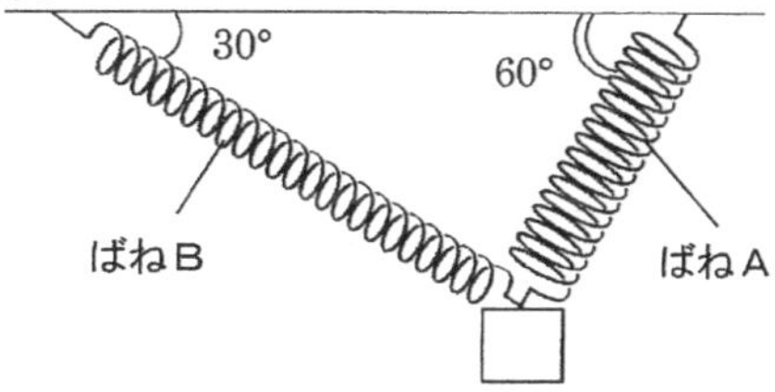


(3) **図６**のとき，**ばねＢ**にはたらく力は何Nになるか，答えなさい。

(4) **ばねＡ**と**ばねＢ**にはたらく力とばねののびの関係をグラフに表すと**図７**のようになった。**ばねＡ，Ｂ**を表すグラフはそれぞれ（ア），（イ）のどちらか，記号で答えなさい。

**図７**

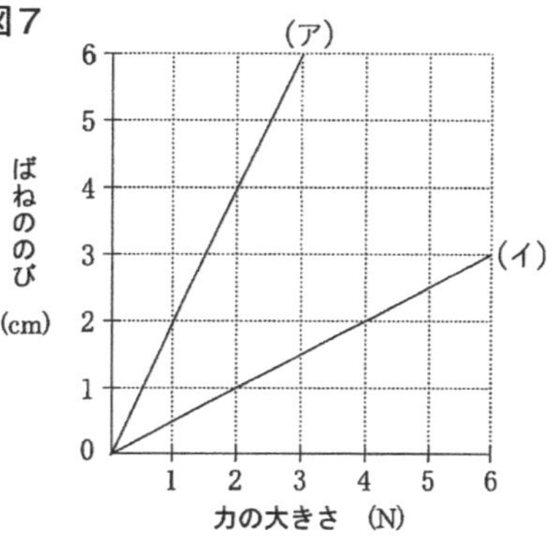


(5) **ばねＡ**と**ばねＢ**でよりのばしやすいばねはどちらか。**Ａ，Ｂ**の記号で答えなさい。

# 理　科　7

## 4　次の【Ⅰ】・【Ⅱ】の問いに答えなさい。

**【Ⅰ】　大地の歴史に関する生徒と先生の会話文を読み，あとの問いに答えなさい。**

**生徒**：化石には示準化石と示相化石があると教わりましたが，これらの化石の違いは何ですか。

**先生**：①示準化石は地層が堆積した時代を知ることができる化石で，三葉虫やアンモナイトなどがあります。示相化石は地層が堆積した当時の環境を知ることができる化石で，サンゴや②シジミなどがあります。

**生徒**：示準化石をもとに③古生代・中生代・新生代に分けることができましたね。ヒマラヤ山脈のような高い山脈でアンモナイトの化石がたくさん見つかっていることから，ヒマラヤ山脈をつくる地層は中生代にできたんですね。

**先生**：そうです。ではなぜ海の生物の化石がヒマラヤ山脈のような高い山脈で見つかるのでしょうか。

**生徒**：プレートの動きに関係がありますか。

**先生**：ヒマラヤ山脈ができたきっかけは，プレートの動きによって大陸どうしがぶつかったことだと考えられています。陸地が押しよせてきたことで，インドとユーラシア大陸の間にあった④海底が大きく押し上げられ，ヒマラヤの山々が生まれました。今もインドは年に5cmほど北上していて，エベレストは毎年数mmずつ高くなっているんですよ。

(1)　下線部①で，この化石の特徴について述べた次の文で正しいものを次の**ア～ウ**から1つ選び，記号で答えなさい。

**ア**　広い地域で生息しているが，限られた時代だけに生存した生物の化石である。
**イ**　ある限られた環境でしか生存できない生物の化石である。
**ウ**　種としての寿命が長いので，現在も生存している生物もいる。

(2)　下線部②で，この化石が見つかった地層は，堆積した当時どのような環境だと考えられますか。次の**ア～エ**から1つ選び，記号で答えなさい。

**ア**　あたたかくて浅い海　　　**イ**　やや寒冷で深い海
**ウ**　海水と河川の水などが混じるところ　　　**エ**　火山などが近くにある浅い湖

(3)　下線部③のような地球の歴史を分けた歴史区分を何というか，**漢字4文字**で答えなさい。

(4)　下線部④のように，プレートの動きによって大地が持ち上がることを何というか，**漢字2文字**で答えなさい。

【Ⅱ】 下の表は空気の温度と飽和水蒸気量の値を示したものである。あとの問いに答えなさい。

| 温度(℃) | 0 | 5 | 10 | 15 | 20 | 25 | 30 | 35 | 40 |
|---|---|---|---|---|---|---|---|---|---|
| 飽和水蒸気量($g/m^3$) | 5 | 7 | 9 | 13 | 17 | 23 | 30 | 40 | 51 |

(1) 水蒸気が水滴に変わり始めるときの温度を何というか，**漢字２文字**で答えなさい。

(2) 気温が20℃で，20Lの空気中に含むことのできる最大の水蒸気量は何gになるか。次の**ア**～**エ**から適当な数値を１つ選び，記号で答えなさい。ただし，1mL＝1$cm^3$であり，1$m^3$＝1000000$cm^3$である。

| | | | |
|---|---|---|---|
| ア 0.17 | イ 0.34 | ウ 1.7 | エ 3.4 |

(3) 25℃の空気を冷やすと10℃で水滴ができ始めた。もとの25℃の空気の湿度は何%か。小数第１位を四捨五入して**整数値**で答えなさい。

(4) 32℃で湿度が50%の空気20Lを冷やすと20℃で水滴ができ始めた。32℃の飽和水蒸気量は何$g/m^3$か。次の**ア**～**エ**から適当な数値を１つ選び，記号で答えなさい。

| | | | |
|---|---|---|---|
| ア 28 | イ 30 | ウ 32 | エ 34 |

令 和 4 年 度

宮崎第一高等学校入学者選抜学力検査問題

（1月26日　第5時限　13時10分～13時55分）

# 英　　語

## （文 理 科）

（注　　　意）

1．「始め」の合図があるまで、このページ以外のところを見てはいけません。

2．問題用紙は、表紙を除いて7ページで、問題は7題です。

3．「始め」の合図があったら、まず解答用紙に出身中学校名、受験番号と氏名を記入し、次に問題用紙のページ数を調べて、抜けているページがあれば申し出てください。

4．答えは、必ず解答用紙に記入してください。

5．印刷がはっきりしなくて読めないときは、静かに手をあげてください。問題内容や答案作成上の質問は認めません。

6．「やめ」の合図があったら、すぐ筆記用具をおき、問題用紙と解答用紙を別にし、裏返しにして、机の上においてください。

**問題用紙は持ち帰ってかまいません。**

# 英　語　1

1　次の(1)～(20)の英文の空所に入れるのに最も適当なものを、それぞれあとの選択肢①～④のうちから１つずつ選び、記号で答えなさい。

(1)　(　　　　) you like rugby?

①　Are　　②　Do　　③　Does　　④　Were

(2)　A: Are you high school students?

B: No, (　　　　) aren't.

①　I　　②　you　　③　we　　④　they

(3)　It is important for (　　　　) to get up early.

①　I　　②　you　　③　we　　④　they

(4)　We are (　　　　) to see many kinds of animals and plants in Hokkaido.

①　can　　②　will　　③　able　　④　already

(5)　I finished (　　　　) the book last night.

①　read　　②　reading　　③　to read　　④　reads

(6)　Yuri was born (　　　　) Miyazaki.

①　on　　②　for　　③　in　　④　with

(7)　We can learn how to (　　　　) friendly to the earth.

①　become　　②　becomes　　③　becoming　　④　became

(8)　A: Look at the mountain of garbage!

B: (　　　　) a waste!　You can still use this chair.

①　What　　②　Which　　③　How　　④　Why

(9)　His cat is as (　　　　) as yours.

①　big　　②　bigger　　③　biggest　　④　the biggest

(10)　If (　　　　) sunny tomorrow, I will play rugby with my friends.

①　it will　　②　will be　　③　it is　　④　it will be

(11) This bag (　　　　) two years ago.
① is making　② made　③ was made　④ making

(12) Do you know the man (　　　　) by the tree?
① standing　② sat　③ sit　④ stood

(13) Mash asked me (　　　　) the box.
① a questions　② some questions　③ opened　④ to open

(14) Let's go (　　　　) tomorrow.
① to shop　② shop　③ shopping　④ shops

(15) A: I'm not good at playing the piano, Dad.
B: You just have to (　　　　) practicing. You'll get better soon.
① give　② keep　③ help　④ bring

(16) I have (　　　　) Mr. Ford for more than four years.
① know　② knew　③ known　④ knowing

(17) My pet dog is (　　　　) big that it looks like a bear.
① so　② even　③ much　④ over

(18) Dala really wanted to buy the diamond ring, but it was too (　　　　) for her.
① expensive　② far　③ interesting　④ many

(19) When Judy (　　　　) home from shopping, she remembered she needed some milk. So she had to go back to the store again.
① brought　② sent　③ returned　④ invited

(20) A: Why are you (　　　　), Mr. Wood?
B: Because this comic book is so funny! Look.
① driving　② laughing　③ leaving　④ growing

# 英　語　3

2　次の(1)～(5)の日本文に合うように、[　　　] 内の語句を並べかえなさい。そして、２番目と４番目にくるものの最も適切な組み合わせを、それぞれ下のア～エの中から１つずつ選び、記号で答えなさい。
※ただし、文頭にくるべき語句も小文字になっています。

(1) ウッド先生は、今朝、いつもよりたくさんのコーヒーを飲みました。

Mr. Wood [ more / drank / usual / coffee / than ] .

Mr. Wood ______ ______ ______ ______ ______.

↑２番目　↑4番目

ア more - drank　イ coffee - than　ウ more - than　エ drank - more

(2) 私の兄はマイケルからのEメールで嬉しくなりました。

The e-mail [ Michael / my brother / from / made / happy ] .

The e-mail ______ ______ ______ ______ ______.

↑２番目　↑4番目

ア my brother - Michael　イ Michael - my brother

ウ happy - made　エ from - happy

(3) この本には英語の手紙の書き方が載っています。

[ this book / how / you / to / tells ] write a letter in English.

______ ______ ______ ______ ______ write a letter in English.

↑２番目　↑４番目

ア tells - how　イ this book - you　ウ to - how　エ you - to

(4) 私はなぜウッド先生が怒っているのか分かります。

I [ angry / why / Mr. Wood / understand / is ] .

I ______ ______ ______ ______ ______.

↑２番目　↑４番目

ア why - Mr. Wood　イ why - angry　ウ why - understand　エ why - is

(5) あなたの新しい学校はどうですか。

[ you / your / do / like / how ] new school?

______ ______ ______ ______ ______ new school?

↑２番目　↑４番目

ア do - like　イ you - like　ウ you - do　エ like - your

【令和四年度】

# 国語解答用紙（文理科）

| 出身中学校 | 中学校 |
|---|---|
| 受験番号 | |
| 氏名 | |

㊟ 合計欄・小計欄には何も記入しないで下さい。

| 合計 |
|---|
| |

※100点満点
（配点非公表）

文字は楷書で丁寧に書いて下さい。

## 一

問一
㋐
㋑
㋒ なわれ
㋓
㋔

問二
ⓐ
ⓑ

問三
A
B
C
D

問四

問五

問六

問七
(1)
(2)

問八

問九

| 一・小計 |
|---|
| |

| (8) |
| --- |
| |

| (9) | (10) |
| --- | --- |
| | → → → → → → → → |

小計

5

| (1) | (2) | (3) | (4) | (5) | (6) | (7) |
| --- | --- | --- | --- | --- | --- | --- |
| の戦い | | | | | | |

| (8) | (9) | (10) |
| --- | --- | --- |
| | | |

小計

6

| (1) | (2) | (3) | (4) |
| --- | --- | --- | --- |
| | | | |

| (5) |
| --- |
| 資料番号 |

| (6) |
| --- |
| 符号 |

| (7) |
| --- |
| 立候補者名 |

小計

3

| (1) | | (2) | (3) | (4) |
|---|---|---|---|---|
| A(　　,　　) | B(　　,　　) | | | |

| 小計 | |
|---|---|

4

| (1) | (2) | (3) | (4) | (5) |
|---|---|---|---|---|
| | | | | |

| 小計 | |
|---|---|

5

| ア | イ | ウ | エ | オ | カ | キ | ク |
|---|---|---|---|---|---|---|---|
| | | | | | | | |

| 小計 | |
|---|---|

| II | ① | ② | ③ | |
|---|---|---|---|---|

| II (4) | (5) |
|---|---|
| g | マグネシウム ： 鉄 ＝ ： |

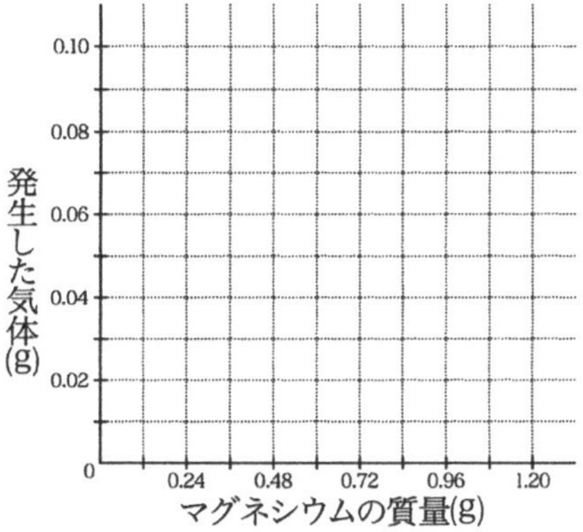


| 小計 | |
|---|---|

# 3

| I | (1) | (2) | (3) | |
|---|---|---|---|---|
| | Hz | | 音の変化 | 波形 |

| I | (4) | (5) |
|---|---|---|
| | m/s | と |

| II | (1) | (2) | (3) |
|---|---|---|---|
| | | N | N |

| II | (4) | | (5) |
|---|---|---|---|
| | ばねA | ばねB | |

| 小計 | |
|---|---|

# 4

| I | (1) | (2) | (3) | (4) |
|---|---|---|---|---|
| | | | | |

| II | (1) | (2) | (3) | (4) |
|---|---|---|---|---|
| | | | % | |

| 小計 | |
|---|---|

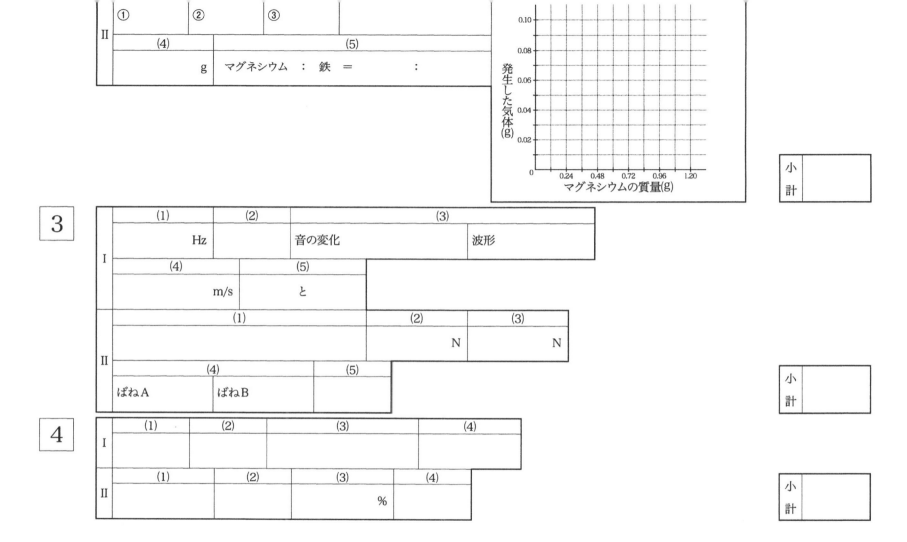

| | | | |
|---|---|---|---|
| 5 | (2) | | |
| | (3) | ア | |
| | | イ | |
| | (4) | | |
| | (5) | | |

| | |
|---|---|
| 小計 | |

| | | |
|---|---|---|
| 6 | (1) | |
| | (2) | |

| | |
|---|---|
| 小計 | |

| | |
|---|---|
| 7 | |

| | |
|---|---|
| 小計 | |

# （令和４年度）英語解答用紙（文理科）

| | | | | | |
|---|---|---|---|---|---|
| 出身中学校 | 中学校 | 受験番号 | | 氏名 | |

㊟ 合計欄・小計欄は記入しないでください。

| | |
|---|---|
| 合計 | |

※100点満点
（配点非公表）

| | | | | | | | | | | |
|---|---|---|---|---|---|---|---|---|---|---|
| 1 | (1) | (2) | (3) | (4) | (5) | (6) | (7) | (8) | (9) | (10) |
| | (11) | (12) | (13) | (14) | (15) | (16) | (17) | (18) | (19) | (20) |

| | |
|---|---|
| 小計 | |

| | | | | | |
|---|---|---|---|---|---|
| 2 | (1) | (2) | (3) | (4) | (5) |

| | |
|---|---|
| 小計 | |

| | | | | |
|---|---|---|---|---|
| 3 | (1) | (2) | (3) | (4) |
| | (5) | (6) | (7) | (8) |
| | (9) | (10) | | |

| | |
|---|---|
| 小計 | |

| | | | | |
|---|---|---|---|---|
| 4 | (1) t | (2) w | (3) h | (4) g |
| | (5) t | | | |

| | |
|---|---|
| 小計 | |

【解答

# （令和4年度） 理　科　解　答　用　紙 （文理科）

| 出身中学校 | 中学校 | 受験番号 | | 氏名 | |
|---|---|---|---|---|---|

㊟　合計欄・小計欄は記入しないで下さい。

| 合計 | |
|---|---|

※100点満点
（配点非公表）

## 1

I

| (1) | | (2) |
|---|---|---|
| 生殖法 | 生物 | |

| (3) | (4) | (5) |
|---|---|---|
| の法則 | | |

| (6) | (7) |
|---|---|
| 丸形 ： しわ形 ＝ ： | |

II

| (1) | | (2) |
|---|---|---|
| (あ) ： | (い) ： | |

| (3) |
|---|
| |

| 小計 | |
|---|---|

## 2

I

| (1) | (2) | | | (3) | |
|---|---|---|---|---|---|
| | ① | ② | ③ | ④ | ⑤ |

| (4) |
|---|

【解答

# （令和4年度）数　学　解　答　用　紙（文理科）

| 出　身<br>中学校 | 中学校 | 受験番号 | | 氏 名 | |
|---|---|---|---|---|---|

㊟　合計欄・小計欄は記入しないで下さい。

| 合<br>計 | |
|---|---|

※100点満点
（配点非公表）

〔注意〕①　答えを分数で書くときは，約分した形で書きなさい。
②　答えに√を含む場合は，√の中を最も小さい正の整数にしなさい。
③　円周率は$\pi$とする。

**1**

| (1) | (2) | (3) | (4) | (5) |
|---|---|---|---|---|
| | | | | $x=$　　, $y=$ |

| 小<br>計 | |
|---|---|

**2**

| (1) | | | | (2) | | | | (3) | (4) |
|---|---|---|---|---|---|---|---|---|---|
| (ア) | | (イ) | | (ア) | | (イ) | 人 | $\angle x=$　　° | $n=$ |

| 小<br>計 | |
|---|---|

【解答

# （令和4年度）社 会 解 答 用 紙（文理科）

| 出身中学校 | 中学校 | 受験番号 | | 氏名 | |
|---|---|---|---|---|---|

㊟ 合計欄・小計欄は記入しないで下さい。

| 合計 | |
|---|---|

※100点満点
（配点非公表）

**1**

| (1) | (2) | | |
|---|---|---|---|
| | ア | イ | ウ |
| | | | |

| (2) | | (3) | (4) | (5) |
|---|---|---|---|---|
| エ | オ | | | |
| | | | | |

| 小計 | |
|---|---|

**2**

| (1) | | | |
|---|---|---|---|
| ア | イ | ウ | エ |
| | | | |

| (2) | (3) | (4) | (5) |
|---|---|---|---|
| | | | |

| 小計 | |
|---|---|

**3**

| (1) | | | | (2) | (3) |
|---|---|---|---|---|---|
| Ⓐ | Ⓑ | Ⓒ | Ⓓ | | |
| | | | | | |

| 小計 | |
|---|---|

**4**

| (1) | (2) | (3) | (4) | (5) |
|---|---|---|---|---|
| | | | | |

| (6) |
|---|
| |

【解答

## 二

問一
㋐
㋑
㋒
㋓
㋔

問二
ⓐ
ⓑ

問三

問四

問五

問六

二・小計

## 三

問一
ⓐ
ⓑ

問二

問三

問四
(1)
(2)

問五

三・小計

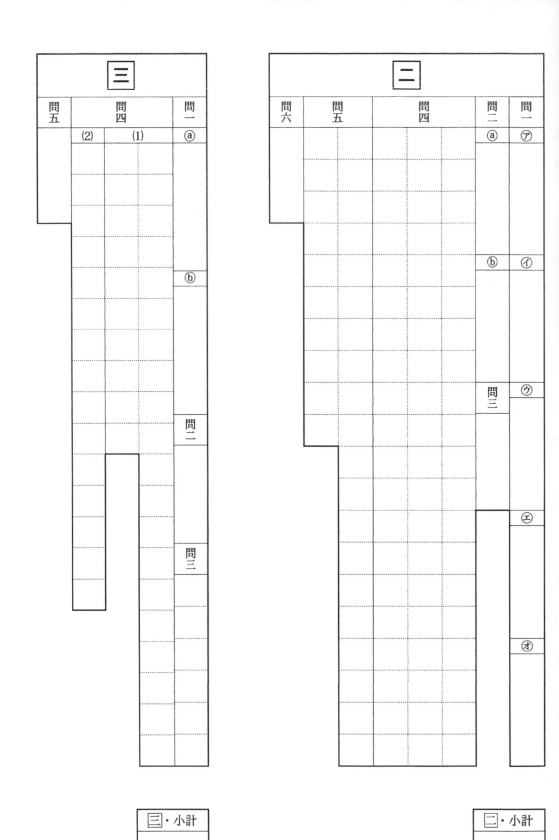

3　次の⑴～⑽の日本文に合うように、空所に入る適語を英語１語で書きなさい。

⑴　窓を割ったのは誰ですか。
Who (　　　　) the window?

⑵　私はコンピュータ部に所属しています。
I belong to the (　　　　) club.

⑶　目標はそれらの国々で喜んで働く人々の数を増やすことです。
The goal is to increase the number of local people who are willing (　　　　) work in those countries.

⑷　家の近くにコンビニがあります。
There is a (　　　　) store near my house.

⑸　去年の１２月に、彼らは日本に来た。
Last (　　　　) they came to Japan.

⑹　あなたは京都に行ったことがありますか。
Have you ever (　　　　) to Kyoto?

⑺　ハムレットはシェイクスピアによって書かれました。
"Hamlet" was (　　　　) by Shakespeare.

⑻　読書が私の趣味です。
Reading books (　　　　) my hobby.

⑼　ジョン（象の名前）の肌はあまりに固すぎて、注射針が通りませんでした。
John's skin was (　　　　) hard for the needle to go through.

⑽　必ずシートベルトを締めてください。
Be sure to (　　　　) your seat belt.

4 次の(1)〜(5)の各組の英文①と②がほぼ同じ意味になるように、②の空所に入る適語を英語１語で書きなさい。
※ただし、与えられたアルファベットで書き始めること。

(1)

① My father said, “Wash the dishes after you do your homework.”

② My father ( t ) me to wash the dishes after I did my homework.

(2)

① The news made me surprised.

② I was very surprised ( w ) I heard the news.

(3)

① Did you enjoy the party?

② Did you ( h ) a good time at the party?

(4)

① Sarah went to the United States on business, and she hasn’t come back yet.

② Sarah has ( g ) to the United States on business.

(5)

① Mash is the tallest boy in his class.

② Mash is ( t ) than any other boy in his class.

5 次の英文を読み、あとの問いに答えなさい。

My name is Akiko. I am a Japanese high school student. I came to live in America with my family two weeks ago. One day, Mother asked me about my school life. I answered that ①I enjoyed it very much. But that was not true. I didn't want Mother to worry about me.

I always said to myself, "I live in two worlds, one at home and the other at school. They are very ( ② ). At home I speak Japanese and live a happy Japanese life with my family. ③I feel that school is far away when I am at home. In class at school teachers sometimes speak English so fast that I don't understand them. I want to talk with a friend about that, but I don't have any friends. Every day I wait for a student who will talk to me."

The next day in art class, the teacher stopped at my desk and said, "Akiko, your picture is very wonderful! " Then many students came to see my picture.

After the art class, one girl student came to me. At last a student talked to me! She said, "Hi, Akiko. I'm Mary. I would like to talk with you after school." I was very happy. I said, "Yes, of course."

After school we went to Mary's house and began to talk. Mary was also interested in drawing pictures. We talked about a lot of things. When I talked about my idea of the two worlds, Mary said, "I didn't know that. But you can ask teachers to speak more slowly. If you want to make your school life happy, you should try to say something to us. We will help you any time."

I had a very good time with Mary. I ran home to tell Mother about my new friend, but she was not there.

Soon Mother came home. "Mother, where have you been?" I asked.

"I have been to English school. I began to learn English." Mother answered.

"You don't have to learn English so hard because you stay home every day." I said.

"I want to make friends to learn about America and tell them a lot about Japan." Mother said.

"Mary and Mother have the same idea," I thought. Today I learned an important thing from Mary and Mother. It is not good to ( ④ ) when we are in a foreign culture. I will try hard to make my school life happy.

(1) Akiko が下線部①のように、事実に反する答えをしたのはなぜか。日本語で書きなさい。

(2) 本文中の空所（ ② ）に入れるのに最も適当なものを、下のア〜エのうちから 1 つ選び、記号で答えなさい。

ア easy　イ nice　ウ different　エ interesting

(3) Akiko が下線部③のように感じている理由を、本文の内容に即してア，イという形に分けて日本語で書きなさい。

ア＿＿＿＿＿＿＿＿＿＿＿＿＿＿＿＿＿＿＿＿

イ＿＿＿＿＿＿＿＿＿＿＿＿＿＿＿＿＿＿＿＿

(4) Akikoのお母さんが英語の勉強を始めたのはなぜか。その理由を、35字程度の日本語で書きなさい。

(5) 本文中の空所（ ④ ）に入れるのに最も適当なものを、下のア〜エのうちから 1 つ選び、記号で答えなさい。

ア ask people to help us　イ forget our own language

ウ stay in our small world　エ learn a new way of living

## 6 次の(1)と(2)の日本文を、英語になおして書きなさい。

(1) この博物館では写真撮影は禁止です。

(2) 姉は部屋の掃除を日課にしている。

## 7 次のトピックに関する自分の考えを、30〜40語程度の英語で書きなさい。

It is difficult to live without a smartphone.

2022(R4) 宮崎第一高（文理）
K 教英出版